Sharddha Zanjat
Vishwajit K. Barbudhe

Introdução à rede de sensores sem fios

Sharddha Zanjat
Vishwajit K. Barbudhe

Introdução à rede de sensores sem fios

ScienciaScripts

Imprint

Any brand names and product names mentioned in this book are subject to trademark, brand or patent protection and are trademarks or registered trademarks of their respective holders. The use of brand names, product names, common names, trade names, product descriptions etc. even without a particular marking in this work is in no way to be construed to mean that such names may be regarded as unrestricted in respect of trademark and brand protection legislation and could thus be used by anyone.

Cover image: www.ingimage.com

This book is a translation from the original published under ISBN 978-620-7-46206-3.

Publisher:
Sciencia Scripts
is a trademark of
Dodo Books Indian Ocean Ltd. and OmniScriptum S.R.L publishing group

120 High Road, East Finchley, London, N2 9ED, United Kingdom
Str. Armeneasca 28/1, office 1, Chisinau MD-2012, Republic of Moldova, Europe
Printed at: see last page
ISBN: 978-620-7-86260-3

Conteúdo

SÍLABO

CAPÍTULO - I

Introdução: Fundamentos da tecnologia de comunicação sem fios, espetro eletromagnético, propagação por rádio, características dos canais sem fios, técnicas de modulação, técnicas de acesso múltiplo, LANs sem fios, PANs, WANs e MANs, Internet sem fios.

CAPÍTULO - II

Introdução às redes ad-hoc/sensores: Definições-chave das redes adhoc/sensor, restrições e desafios únicos, vantagens das redes ad-hoc/sensor, aplicações orientadoras, problemas nas redes sem fios adhoc, problemas na conceção de redes de sensores, arquitetura das redes de sensores, disseminação e recolha de dados.

CAPÍTULO -III

Protocolos MAC: questões relativas à conceção de protocolos MAC para redes sem fios adhoc, objectivos de conceção, classificação dos protocolos MAC, protocolos MAC para redes de sensores, descoberta de localização, qualidade, outras questões, S-MAC, IEEE 802.15.4.

CAPÍTULO - IV

Protocolos de encaminhamento: Questões relativas à conceção de um protocolo de encaminhamento, classificação dos protocolos de encaminhamento, protocolos de encaminhamento orientados por tabela, a pedido, híbridos, de inundação, hierárquicos e sensíveis à energia.

CAPÍTULO - V

QoS e gestão da energia: questões e desafios no fornecimento de QoS, classificações, MAC, soluções para a camada de rede, quadros de QoS, necessidade de gestão da energia, classificação, bateria, potência de transmissão e esquemas de gestão da energia do sistema.

REFERÊNCIA

LIVROS DE TEXTO:

1. C. Siva Ram Murthy e B. S. Manoj, "Ad-hoc Wireless Networks", Pearson Education, 2008.

2. Carlos De Morais Cordeiro e Dharma Prakash Agrawal, "Ad-hoc and Sensor Networks: Teoria e Aplicações", World Scientific Publishing Company, 2006.

LIVROS DE REFERÊNCIA:

1.   Holger Karl e Andreas willig, "Protocols and Architectures for Wireless Sensor Networks", John Wiley & Sons, Inc., 2005.

2.   C.K.Toh, "Ad-hoc Mobile Wireless Networks", Pearson Education, 2002.

3.   Erdal Cayirci e Chunming Rong, "Security in Wireless Ad Hoc and Sensor Networks", John Wiley and Sons, 2009.

4.   Charles E. Perkins, "Ad-hoc Networking", Pearson Education, 2001.

5.   Shih-Lin Wu e Yu-Chee Tseng, "Wireless Ad-hoc Networking", Auerbach Publications, Taylor & Francis Group, 2007.

CAPÍTULO - I

Introdução à tecnologia de comunicação sem fios

Fundamentos da tecnologia de comunicação sem fios:

A comunicação sem fios é um domínio vasto e dinâmico que tem suscitado um enorme entusiasmo e avanços tecnológicos nas últimas décadas. As comunicações sem fios são, de qualquer modo, o segmento de mais rápido crescimento da indústria das comunicações. Como tal, captou a atenção dos meios de comunicação social e a imaginação do público. Os sistemas celulares registaram um crescimento exponencial na última década e existem atualmente cerca de dois mil milhões de utilizadores em todo o mundo.

Evolução das comunicações sem fios

Há várias etapas mais pequenas que conduzem ao desenvolvimento de uma nova tecnologia. Traçar resumidamente o desenvolvimento destas descobertas anteriores pode ajudar-nos a compreender melhor o modo como esta tecnologia funciona efetivamente e contribui para o que poderá ser o desenvolvimento seguinte. No parágrafo seguinte, apresenta-se uma breve análise da história das comunicações sem fios, que abrange a rádio, a televisão, o radar, o satélite, as redes celulares sem fios e móveis e outras redes sem fios.

Comunicações de rádio e televisão

Em 1874, Marconi realizou experiências simples para enviar sinais utilizando ondas electromagnéticas a distâncias curtas de apenas cerca de 100 metros. Nessa altura, cientistas e especialistas acreditavam que as ondas electromagnéticas só podiam ser transmitidas em linha reta e que o principal obstáculo à transmissão de rádio era a curvatura da superfície terrestre. Finalmente, Marconi conseguiu provar que a transmissão de ondas electromagnéticas era possível entre dois pontos distantes, mesmo através de obstáculos entre eles.

Comunicação por radar

O radar foi reconhecido como um dos maiores desenvolvimentos científicos da primeira metade do século XX. O primeiro sistema prático de radar foi produzido em 1935 pelo físico britânico Robert Watson-Watt.

O radar é um sistema ativo de deteção remota que funciona com base no princípio dos ecos. Um ecrã de radar mostra uma imagem semelhante a um mapa da área que está a ser analisada. O centro da imagem corresponde à antena do radar e os ecos do radar são mostrados como pontos brilhantes no ecrã.

Comunicação por satélite

Um satélite é um objeto que orbita ou gira em torno de outro objeto. Os satélites podem ser enviados para o espaço através de uma variedade de veículos de lançamento. Sir Isaac Newton, na década de 1720, foi provavelmente a primeira pessoa a conceber a ideia de um satélite. Em 1945, Arthur C Clarke, numa ficção científica, imaginou uma rede de satélites de comunicação. Três satélites seriam capazes de transmitir sinais em todo o mundo, transmitindo numa direção de linha de visão com outros satélites em órbita.

Comunicação celular

Em 1946, a American Telephone & Telegraph (AT&T) introduziu o primeiro serviço comercial americano de radiotelefonia móvel para clientes privados. Consistia num emissor central com uma antena que podia servir uma vasta área.

1.1 O espetro eletromagnético propagação radioeléctrica:

A comunicação sem fios baseia-se no princípio da emissão e receção de ondas electromagnéticas. Estas ondas podem ser caracterizadas pela sua frequência *(f)* ou pelo seu comprimento de onda *(Я)*. A frequência é o número de ciclos (oscilações) por segundo da onda e é medida em Hertz (Hz). A velocidade de propagação destas ondas (*c*) varia de meio para meio, exceto no vácuo, onde todas as ondas electromagnéticas viajam à mesma velocidade, a velocidade da luz. A relação entre os parâmetros acima pode ser dada como

$$c = \lambda \times f$$

onde *c* é a velocidade da luz (3 x *108m/s*), *f* é a frequência da onda em Hz, e *Я* é o seu comprimento de onda em metros.

Quadro 1 **Bandas de frequências e suas utilizações comuns**

Nome da banda	Frequência	Comprimento de onda	Aplicações
Extremamente' baixas frequências (ELF)	30 a 300 Hz	10.000 a 1.000 Km	Frequências de linhas eléctricas
Voz Frequência (VF)	300 a 3.000 Hz	1.000 a 100 Km	Comunicações telefónicas
Muito' baixa frequência (VLF)	3 a 30 KHz.	100 a 10 Km	Comunicações marítimas
Baixa Frequência (LF)	30 a 300 KHz	10 a 1 Km	Comunicações marítimas
Médio Frequência (MF)	300 a 3.000 KHz	1.000 a 100 in*	Radiodifusão AM
Alta frequência (HF)	3 a 30 MHz	100 a 10 m	Comunicações de longa distância entre aviões e navios
Muito' Alta Frequência (VHF)	30 a 300 MHz	10 a 1 m	Difusão FM
Frequência ultra-alta (UHF)	300 a 3.000 MHz	1(M) a 10 cm	Telefone celular
Super Alta Frequência (SHF)	3 a 30 GHz	10 a 1 cm	Comunicações por satélite, ligações por micro-ondas
Extremamente" elevado Frequência (EHF)	30 a 300 GHz	10 a 1 mm	Lacete local sem fios
Infravermelhos	300 GHz a 400 THz	1 mm a 770 nm	Eletrónica de consumo
Luz visível	400 THz a 900 THz	770 nm a 330 nm	Ótica) comunicações

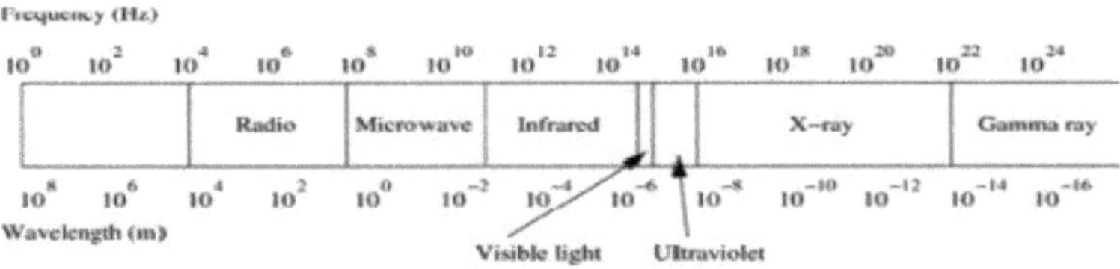

Figura 1. O espetro eletromagnético

As bandas de baixa frequência compreendidas nas porções de rádio, micro-ondas, infravermelhos e luz visível do espetro podem ser utilizadas para a transmissão de informações através da modulação da amplitude, frequência ou fase das ondas. As ondas de rádio são fáceis de gerar e são amplamente utilizadas para comunicações interiores e exteriores devido a propriedades como a sua capacidade de atravessar edifícios e de percorrer longas distâncias.

1) Ondas de rádio

• São fáceis de gerar e são amplamente utilizados para comunicações interiores e exteriores devido a propriedades como a sua capacidade de atravessar edifícios e de percorrer longas distâncias.

• A transmissão por rádio é omnidirecional.

2) Ondas de propagação

• Bandas VLF, LF e MF a propagação das ondas, também designadas por ondas terrestres, segue a curvatura da Terra.

• Os alcances máximos de transmissão destas ondas são da ordem de algumas centenas de quilómetros.

• As transmissões das bandas HF e VHF são absorvidas pela atmosfera perto da superfície da Terra. No entanto, uma parte da radiação, denominada onda do céu, irradia para fora e para cima, para a ionosfera na atmosfera superior.

3) Micro-ondas

• As transmissões de micro-ondas (na banda SHF) tendem a viajar em linhas rectas e, por isso, podem ser focalizadas de forma estreita.

• As micro-ondas foram amplamente utilizadas na telefonia de longa distância, antes de serem substituídas pela fibra ótica.

• São também muito utilizados para telemóveis e transmissão de televisão. Uma vez que a energia é concentrada.

4) Ondas de infravermelhos

• As ondas de infravermelhos e as ondas na banda EHF (também conhecidas como ondas milimétricas) são utilizadas para comunicações de curto alcance.

• São amplamente utilizados em controlos remotos de televisores, videogravadores e aparelhos de som.

5) Luz visível

• A parte da luz visível do espetro é imediatamente a seguir à parte infravermelha.

• A sinalização ótica não guiada que utiliza luz visível proporciona uma largura de banda muito elevada a um custo muito baixo.

• Mas a principal desvantagem neste caso é que é muito difícil focar um feixe laser unidirecional muito estreito, o que limita a distância máxima entre o emissor e o recetor.

Nas bandas VLF, LF e MF, a propagação das ondas, também designadas por ondas terrestres, segue a curvatura da Terra. Os alcances máximos de transmissão destas ondas são da ordem de algumas centenas de quilómetros. São utilizadas para transmissões de baixa largura de banda, como as de amplitude modulada.

1.2 Mecanismos de propagação de rádio

As ondas de rádio apresentam geralmente os três mecanismos de propagação seguintes:

- **Reflexão:**

Quando a onda de rádio em propagação atinge um objeto muito grande em comparação com o seu comprimento de onda (como a superfície da Terra ou edifícios altos), a onda é reflectida por esse objeto. A reflexão provoca uma mudança de fase de 180 graus entre os raios incidente e refletido.

- **Difração:**

Este efeito de propagação é sofrido por uma onda quando esta atinge um objeto impenetrável. A onda dobra-se nas bordas do objeto, propagando-se assim em diferentes direcções. Este fenómeno é designado por difração. As dimensões do objeto que provoca a difração são comparáveis ao comprimento de onda da onda difractada. A curvatura faz com que a onda atinja locais atrás do objeto que, geralmente, não podem ser alcançados pela transmissão em linha de vista. A quantidade de difração depende da frequência, sendo as ondas de menor frequência mais difractadas.

- **Dispersão:**

Quando a onda viaja através de um meio, que contém muitos objectos com dimensões pequenas quando comparadas com o seu comprimento de onda, ocorre a dispersão. A onda é dispersa em vários sinais de saída mais fracos. Na prática, objectos como sinais de trânsito, postes de iluminação e folhagem causam dispersão.

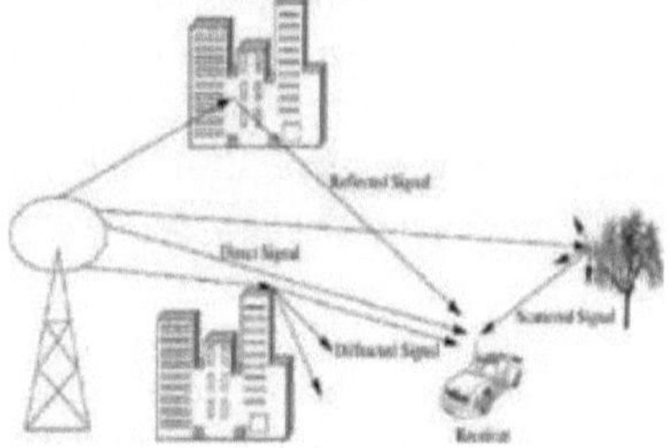

1.3 Características dos canais sem fios:

1. Perda de trajetória

- A perda de percurso pode ser expressa como o rácio entre a potência do sinal transmitido e a potência do mesmo sinal recebido pelo recetor, num determinado percurso. É uma função da distância de propagação.
- A perda de percurso depende de uma série de factores, como a frequência de rádio utilizada e a natureza do terreno.
- Assim, são necessários vários modelos para descrever a variedade de ambientes de transmissão. Existem dois modelos de perda de trajetória,

    i. Modelo de propagação livre   ii. Modelo de dois raios ou modelo de dois trajectos

i. Modelo de propagação livre

- ■ O modelo mais simples de perda de percurso em que existe um sinal de percurso direto entre o transmissor e o recetor, sem atenuação atmosférica ou componentes de percurso múltiplo.

$$P_r = P_t G_t G_r \left(\frac{\lambda}{4\pi d} \right)^2$$

■ A relação entre a potência transmitida Pt e a potência recebida Pr é dada por Onde Gt e Gr são os ganhos das antenas do transmissor e do recetor, 1 respetivamente, na direção do transmissor para o recetor, d é a distância entre o transmissor e o recetor, e $1= c/f$ (é o comprimento de onda do sinal).

ii. Modelo de dois raios

O sinal chega ao recetor através de dois caminhos, um dos quais é o caminho da linha de visão e o outro o caminho através do qual a onda reflectida (ou refractada, ou dispersa) é recebida. De acordo com o modelo de dois percursos, a potência recebida é dada por

$$P_r = P_t G_t G_r \left(\frac{h_t h_r}{d^2} \right)^2$$

Onde Pt é a potência transmitida, Gt e Gr representam os ganhos da antena no transmissor e no recetor, respetivamente, d é a distância entre o transmissor e o recetor, e ht e hr são as alturas do transmissor e do recetor, respetivamente.

2. Desvanecimento

O desvanecimento refere-se às flutuações na intensidade do sinal quando recebido no recetor.

O desvanecimento pode ser classificado em dois tipos:

i. Desvanecimento rápido/desvanecimento em pequena escala

ii. Desvanecimento lento/desvanecimento em grande escala.

i. **O desvanecimento rápido** refere-se às flutuações rápidas na amplitude, fase ou atrasos multipercurso do sinal recebido, devido à interferência entre múltiplas versões (cópias) do mesmo sinal transmitido que chegam ao recetor em momentos ligeiramente diferentes.

■ O tempo entre a receção da primeira versão do sinal e o último sinal ecoado é designado por propagação do atraso. A propagação multipercurso do sinal transmitido, que provoca um desvanecimento rápido.

■ A propagação multipercurso do sinal transmitido, que provoca um desvanecimento rápido. As múltiplas trajectórias do sinal podem, por vezes, ter um efeito construtivo ou, por vezes, destrutivo no recetor, provocando uma variação no nível de potência do sinal recebido.

ii. **O desvanecimento lento** ocorre quando os objectos que absorvem parcialmente as transmissões se encontram entre o emissor e o recetor.

O desvanecimento lento é assim chamado porque a duração do desvanecimento pode durar vários segundos ou minutos.

■ O desvanecimento lento pode ocorrer quando o recetor se encontra no interior de um edifício e a onda de rádio tem de atravessar as paredes do edifício, ou quando o recetor está temporariamente protegido do transmissor por um edifício.

■ O desvanecimento lento é também designado por *desvanecimento de sombra*, uma vez que os objectos que causam o desvanecimento, que podem ser grandes edifícios ou outras estruturas, bloqueiam o caminho de transmissão direta do emissor para o recetor.

Algumas medidas comuns para superar o efeito de desvanecimento são

(a) Diversidade   (b)Modulação adaptativa

(a) Mecanismo de diversidade

i. Com base no facto de caminhos independentes entre os mesmos nós transmissor e recetor sofrerem efeitos de desvanecimento independentes. Ao fornecer múltiplos canais lógicos entre o transmissor e o recetor, e ao enviar partes do sinal por cada canal, os efeitos de erro devidos ao desvanecimento podem ser compensados.

ii. ***Os mecanismos de diversidade temporal*** têm por objetivo distribuir os dados ao longo do tempo, de modo a minimizar os efeitos dos erros de rajada.

iii. ***Os mecanismos de diversidade de frequências*** espalham a transmissão por um espetro de frequências mais alargado ou utilizam várias portadoras para transmitir a informação.

iv. . ***A diversidade espacial*** implica a utilização de diferentes trajectos de transmissão física.

(b) Mecanismos de modulação adaptativa

■ As características do canal são estimadas no recetor e as estimativas são enviadas pelo recetor para o transmissor através de um canal de retorno.

■ O transmissor adapta as suas transmissões com base nas estimativas do canal recebido, a fim de contrariar os erros que podem ocorrer devido às características do canal. As técnicas adaptativas são geralmente muito complexas de implementar.

3. Interferência

As transmissões sem fios têm de combater a interferência de uma grande variedade de fontes. Duas formas principais de interferência são a interferência de canal adjacente e a interferência de co-canal.

i. Caso de ***interferência de canal adjacente***, os sinais em frequências próximas têm componentes fora das suas gamas atribuídas. Estas componentes podem interferir com as transmissões em curso nas frequências adjacentes. Esta situação pode ser evitada através da introdução cuidadosa de bandas de guarda2 entre as gamas de frequências atribuídas.

ii. ***A interferência* co-canal**, por vezes também designada por interferência de banda estreita, deve-se ao facto de outros sistemas próximos terem a mesma frequência de transmissão. A interferência em banda estreita devida à reutilização de frequências nos sistemas celulares pode ser minimizada com a utilização da deteção multiutilizador.

1.4 Técnicas de modulação

Os dados (quer em formato analógico quer em formato digital) têm de ser convertidos em ondas electromagnéticas para serem transmitidos através de um canal sem fios. As técnicas utilizadas para efetuar esta conversão são designadas por técnicas de modulação. O processo de modulação altera certas propriedades de uma onda de rádio, chamada onda portadora, cuja frequência é igual à frequência do canal sem fios utilizado para a transmissão. Os esquemas de modulação podem ser classificados em duas grandes categorias: esquemas de modulação analógica e esquemas de modulação digital. Esta classificação baseia-se na natureza dos dados, analógicos ou digitais, a transmitir. Algumas das técnicas de modulação mais utilizadas são discutidas a seguir.

1.4.1 Modulação analógica

Como o nome indica, as técnicas de modulação analógica são utilizadas para transmitir dados analógicos. O sinal de dados analógico é sobreposto a um sinal portador. Esta sobreposição tem por objetivo alterar uma determinada propriedade (amplitude ou frequência) do sinal portador. Algumas das técnicas de modulação analógica normalmente utilizadas são a modulação de amplitude, a modulação de frequência e a modulação de fase. Estas técnicas são descritas a seguir.

Modulação de amplitude

A modulação de amplitude (AM) é um dos esquemas de modulação mais simples. Foi o primeiro método a ser utilizado para a transmissão de voz. O transmissor sobrepõe o sinal de informação x(t), também chamado sinal de modulação, ao sinal da portadora c(t). O resultado da AM do sinal portador da Figura 1.1 (b), pelo sinal de informação/modulador da Figura 1.1 (a), é mostrado na Figura 1.1 (c). Verifica-se que a frequência da onda modulada permanece constante, enquanto a sua amplitude varia com a do sinal de informação. Quando se utiliza uma onda portadora cossenoidal, a onda AM pode ser representada matematicamente da seguinte forma:

$$s(t) = (1 + n_a x(t))\, cos(2\pi f_c t)$$

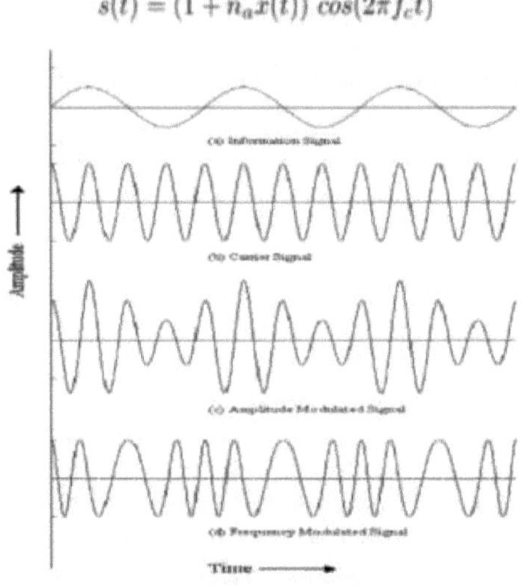

Fig. 1.1. Esquemas de modulação analógica.

Em que na, conhecido como índice de modulação, é a relação entre a amplitude do sinal de informação e a do sinal da portadora, fc é a frequência do sinal da portadora, $x(t)$ é o sinal de informação e $c(t) = cos(2\pi fct)$ é o sinal da portadora.

Modulação de ângulo

A modulação de frequência e a modulação de fase pertencem a esta categoria. O sinal modulado em ângulo pode ser representado matematicamente como

$$s(t) = A_c \left[cos(2\pi f_c t) + \Phi(t)\right]$$

Onde Ac é a amplitude e fc é a frequência do sinal portador. A modulação de frequência e a modulação de fase são casos especiais de modulação angular. A alteração da frequência de uma onda também altera a sua fase e vice-versa. O sinal modulado em ângulo tem uma amplitude constante e, consequentemente, o transmissor funciona constantemente à potência máxima, o que também maximiza o seu alcance.

Modulação de frequência

Na modulação em frequência (FM), a amplitude do sinal modulado é mantida constante, enquanto a frequência instantânea é alterada para refletir o sinal de informação que está a ser transmitido. Com a condição de que a derivada da fase, ou seja, $\Phi'(t)$, seja proporcional ao sinal de informação $x(t)$. Como a frequência também pode ser definida como a taxa de mudança de fase do sinal, aqui $\Phi'(t)$ representa o desvio da frequência instantânea do sinal modulado em relação ao sinal da portadora. Em FM, este $\Phi'(t)$ é diretamente proporcional ao sinal de informação/sinal de modulação. Pode ser representado como

$$\Phi'(t) = n_f x(t)$$

Onde *nf* é uma constante, conhecida como índice de modulação de frequência. A frequência instantânea da onda portadora é alterada de acordo com a amplitude do sinal de informação, resultando no alongamento ou na compressão da onda portadora, dependendo do valor da tensão de modulação. Algumas aplicações comuns em que a FM é utilizada são as emissões de rádio e os telemóveis de primeira geração.

Modulação de fase

Na modulação de fase (PM), a fase do sinal modulado $\Phi(t)$ é diretamente proporcional ao sinal de informação $x(t)$. É representado como

$$\Phi(t) = n_p x(t)$$

onde *np* é uma constante, conhecida como o índice de modulação de fase. O desvio de fase instantâneo do sinal modulado em relação ao sinal portador é $\Phi(t)$. Em PM, este $\Phi(t)$ é proporcional ao sinal de informação/sinal de modulação.

Modulação digital

Os esquemas de modulação digital são utilizados para transmitir sinais digitais que consistem numa sequência de bits 0 e 1. Tal como na modulação analógica, a modulação digital também altera uma determinada propriedade do sinal portador. A principal diferença entre a modulação analógica e a digital é que, enquanto na modulação analógica as alterações ocorrem de forma contínua, na modulação digital ocorrem em intervalos de tempo discretos. Algumas das técnicas básicas de modulação digital, como o chaveamento por deslocamento de amplitude, o chaveamento por deslocamento de frequência e o chaveamento por deslocamento de fase, são descritas a seguir.

Chaveamento de deslocamento de amplitude

No ASK (amplitude shift keying), quando um fluxo de bits é transmitido, um 1 binário é representado pela presença do sinal da portadora $c(t)$ durante um intervalo de tempo especificado, e um 0 binário é representado pela ausência do sinal da portadora durante o mesmo intervalo de tempo. Matematicamente, o ASK pode ser representado como

$$s(t) = \begin{cases} A_c \cos(2\pi f_c t), & \text{for binary 1} \\ 0, & \text{for binary 0} \end{cases}$$

onde *Ac* é a amplitude do sinal da portadora e *fc* é a sua frequência. O resultado do ASK quando aplicado ao padrão de bits mostrado na Figura 1.2 (a) é mostrado na Figura 1.2 (b).

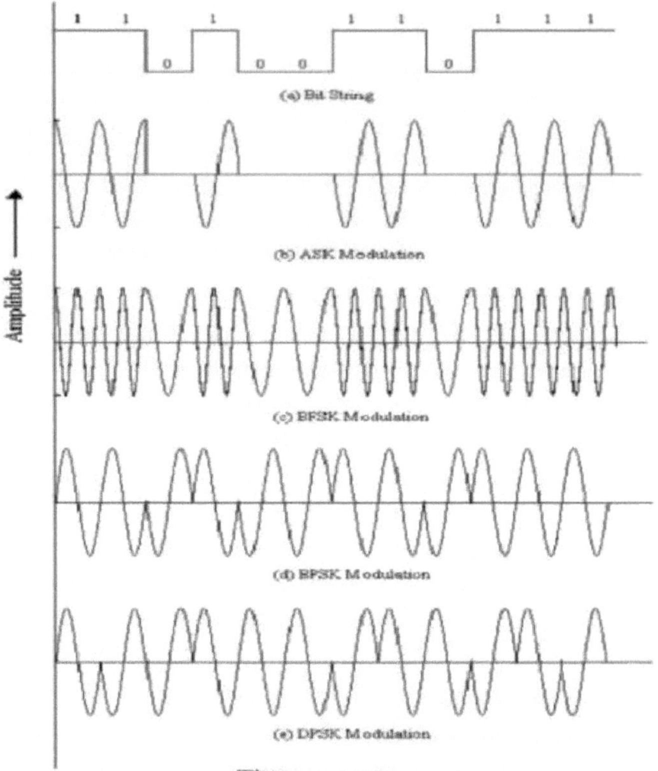

Figura 1.2. Esquemas de modulação digital.

Chaveamento por deslocamento de frequência

O chaveamento por deslocação de frequência (FSK) é feito da seguinte forma. Se *fc* for a frequência do sinal portador e se *k* for um pequeno desvio de frequência, então a transmissão de um 1 binário é representada pela presença de um sinal portador de frequência *fc* + *k* durante um intervalo de tempo especificado. Uma vez que são utilizados dois níveis de frequência nesta técnica, esta é também conhecida como FSK de dois níveis ou FSK binário (BFSK). O FSK pode ser representado matematicamente da seguinte forma:

$$s(t) = \begin{cases} A_c \cos(2\pi(f_c + k)t), & \text{for binary 1} \\ A_c \cos(2\pi(f_c - k)t), & \text{for binary 0} \end{cases}$$

em que *Ac* e *fc* são a amplitude e a frequência, respetivamente, do sinal portador cosseno. O FSK, quando aplicado ao padrão de bits da Figura 2.2 (a), é mostrado na Figura 2.2 (c).

Chaveamento por deslocamento de fase

No chaveamento por deslocamento de fase (PSK), a mudança de fase do sinal da portadora é utilizada para representar os bits 0 e 1. A transmissão do bit 0 é representada pela presença da portadora durante um intervalo de tempo específico, enquanto a transmissão do bit 1 é representada pela presença de um sinal de portadora com uma diferença de fase de *n* radianos durante o mesmo intervalo de tempo. O PSK que utiliza uma onda portadora cossenoidal com amplitude *Ac* e frequência *fc* pode ser representado matematicamente como

12

$$s(t) = \begin{cases} A_c\ cos(2\pi f_c t + \pi), & \text{for binary 1} \\ A_c\ cos(2\pi f_c t), & \text{for binary 0} \end{cases}$$

Esta técnica é também conhecida como PSK binário (BPSK) ou PSK de dois níveis, uma vez que é utilizada uma única diferença de fase para representar os bits 0 e 1. A Figura 2.2 mostra a modulação BPSK do padrão de bits da Figura 2.2 (a).

Tal como são utilizados vários níveis de frequência no FSK, podem ser utilizados vários desvios de fase no PSK. Isto permite a codificação de vários bits por cada representação de fase. O PSK em quadratura (QPSK), por exemplo, utiliza quatro fases diferentes, cada uma separada por n/2 radianos. Isso permitiria a transmissão de dois bits por mudança de fase. A representação matemática do QPSK é dada a seguir.

$$s(t) = \begin{cases} A_c\ cos\left(2\pi f_c t + \frac{\pi}{4}\right), & \text{for binary 10} \\ A_c\ cos\left(2\pi f_c t + \frac{3\pi}{4}\right), & \text{for binary 11} \\ A_c\ cos\left(2\pi f_c t + \frac{5\pi}{4}\right), & \text{for binary 01} \\ A_c\ cos\left(2\pi f_c t + \frac{7\pi}{4}\right), & \text{for binary 00} \end{cases}$$

O QPSK com deslocamento n/4 (n/4-QPSK) é um mecanismo QPSK em que o desvio máximo de fase é limitado a ± 135 graus. A principal vantagem do QPSK com deslocamento n/4 é que pode ser recebido de forma não coerente, ou seja, o recetor não precisa de bloquear a fase do sinal transmitido, o que simplifica a conceção do recetor. Proporciona a eficiência da largura de banda do QPSK juntamente com menores flutuações na amplitude.

1.5 Técnicas de acesso múltiplo:

As técnicas de acesso múltiplo baseiam-se na ortogonalização dos sinais, sendo cada sinal representado em função do tempo, da frequência e do código. Assim, a multiplexagem pode ser efectuada em relação a um destes três parâmetros; as técnicas respectivas são designadas por acesso múltiplo por divisão de frequência, acesso múltiplo por divisão de tempo e acesso múltiplo por divisão de código. Apresenta-se de seguida uma breve análise de cada uma das técnicas acima referidas.

1.5.1 Acesso múltiplo por divisão de frequências

O mecanismo de acesso múltiplo por divisão de frequência (FDMA) funciona da seguinte forma. A largura de banda disponível é dividida em vários canais/bandas de frequência. Um par emissor-recetor utiliza um único canal de frequência dedicado para a comunicação. A Figura 1.3 descreve o princípio de funcionamento do FDMA. O espetro de frequências está, de facto, dividido em várias sub-bandas de frequências. As transmissões na banda principal de um canal também resultam na criação de sinais adicionais nas bandas laterais do canal. Esta é a principal desvantagem do FDMA. O FDMA foi amplamente adotado em sistemas analógicos para telefones portáteis e telefones para automóveis.

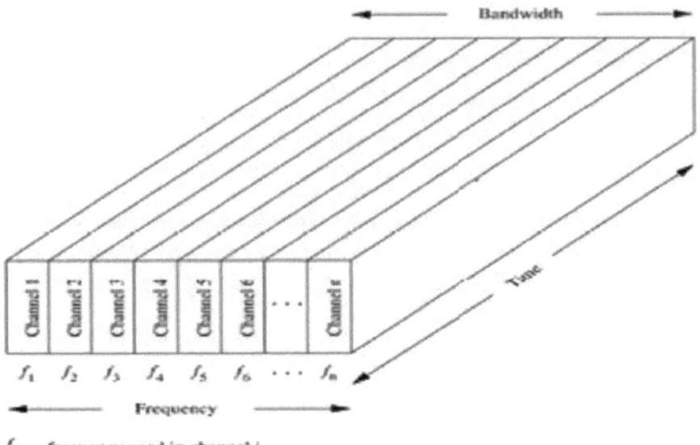

Figura 1.3. Ilustração do FDMA.

Numa rede celular, um controlador central, conhecido como estação de base (BS), atribui dinamicamente uma frequência portadora diferente a cada nó, conhecido como estação móvel (MS). Este sistema, utilizado para a comunicação bidirecional entre um par de estações (MS e BS neste caso), é designado por *duplexação por divisão de frequência* (FDD). Uma vez que as transmissões de alta frequência sofrem uma maior atenuação quando comparadas com as transmissões de baixa frequência, é necessária uma potência de transmissão elevada para os canais de alta frequência para compensar as perdas de transmissão.

1.5.2 Multiplexagem por divisão ortogonal de frequências

A multiplexagem ortogonal por divisão de frequência (OFDM) é um mecanismo de transmissão com várias portadoras. Assemelha-se ao FDMA na medida em que tanto o OFDM como o FDMA dividem a largura de banda disponível num número de canais de frequência. A OFDM é por vezes também referida como modulação discreta multi-tom (DMT). A OFDM é atualmente utilizada em várias aplicações, como as redes locais sem fios (WLAN) e a radiodifusão digital.

1.5.3 Acesso múltiplo por divisão do tempo

O acesso múltiplo por divisão do tempo (TDMA) partilha a largura de banda disponível no domínio do tempo. Cada banda de frequência é dividida em várias faixas horárias (canais). Um conjunto de faixas horárias que se repetem periodicamente é conhecido como quadro TDMA. A cada nó é atribuído um ou mais intervalos de tempo em cada quadro, e o nó transmite apenas nesses intervalos. A Figura 1.4 descreve o conceito subjacente ao TDMA.

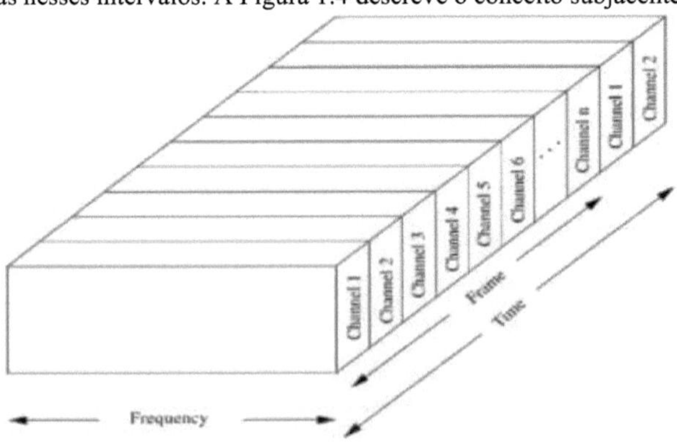

Figura 1.4. Ilustração do TDMA.

O FDMA exige que o dispositivo tenha a capacidade de receber e transmitir sinais em simultâneo, o que conduz a um aumento do custo. No entanto, quando é utilizado o TDMA, o dispositivo pode alternar entre faixas horárias e, por conseguinte, utilizar o mesmo transmissor para receber também. Assim, o custo do equipamento em TDMA é menor. O TDMA é amplamente utilizado em sistemas celulares de segunda geração, como o GSM, etc.

1.5.4 Acesso múltiplo por divisão de código

Ao contrário de outros sistemas, como o TDMA e o FDMA, o acesso múltiplo por divisão de código (CDMA) não atribui uma frequência específica a cada utilizador. Em vez disso, cada canal utiliza todo o espetro. As conversas individuais são codificadas com uma sequência digital pseudo-aleatória. Atualmente, são amplamente utilizados dois tipos de sistemas de espetro alargado, nomeadamente o *espetro alargado por salto de frequência* e o *espetro alargado por sequência direta,* que são descritos a seguir.

■ *Espectro de propagação por salto de frequência*

O espetro de propagação por saltos de frequência (FHSS) é uma técnica simples em que a transmissão passa por várias frequências de banda estreita de forma pseudo-aleatória, ou seja, a sequência de frequências de transmissão é conhecida tanto pelo emissor como pelo recetor, mas parece aleatória para outros nós da rede.

A primeira transmissão (sombra mais escura na figura) utiliza a sequência de salto *f4 f7 f2 f1 f5 f3 f6 f2 f3* e a segunda transmissão utiliza a sequência de salto *f1 f3 f6 f2 f4 f2 f7 f1 f5*. Os sistemas de salto de frequência são limitados pelo número total de frequências disponíveis para salto. Os FHSS podem ser classificados em dois tipos: FHSS rápido e FHSS lento. No FHSS rápido, o tempo de permanência em cada frequência é muito pequeno, ou seja, a taxa de variação das frequências é muito superior à taxa de bits de informação, o que faz com que cada bit seja transmitido através de múltiplos saltos de frequência. No FHSS lento, o tempo de permanência em cada frequência é elevado, pelo que são transmitidos vários bits em cada salto de frequência. Atualmente, o FHSS é utilizado principalmente para sinais de rádio de curto alcance, em especial nas bandas não licenciadas.

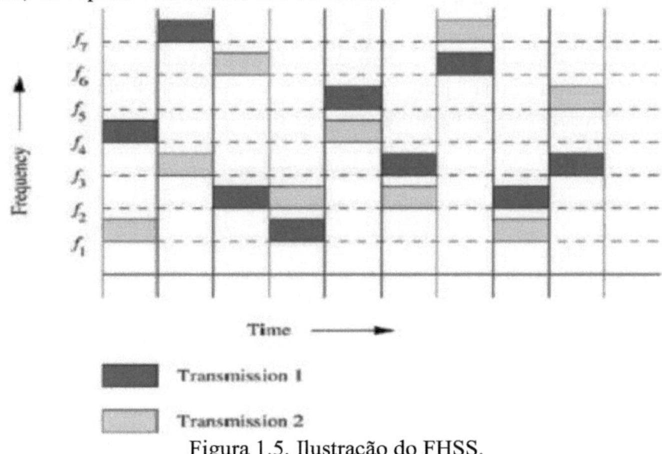

Figura 1.5. Ilustração do FHSS.

■ *Espectro de propagação de sequência direta*

O princípio subjacente ao espetro de propagação de sequência direta (DSSS) pode ser facilmente explicado pela seguinte analogia. Suponhamos que estão a decorrer conversas em várias línguas numa sala. As pessoas que apenas compreendem uma determinada língua ouvem e seguem a conversa que decorre apenas nessa língua. Cada nó transmite utilizando o seu código. No recetor, a transmissão é recebida e a informação é extraída utilizando o código do transmissor. Para transmitir um 1 binário, o emissor transmite o seu código; para um 0 binário, é transmitido o complemento de um do código. Assim, a transmissão de um sinal utilizando CDMA ocupa n vezes a largura de banda que seria necessária para uma transmissão em banda estreita do mesmo sinal.

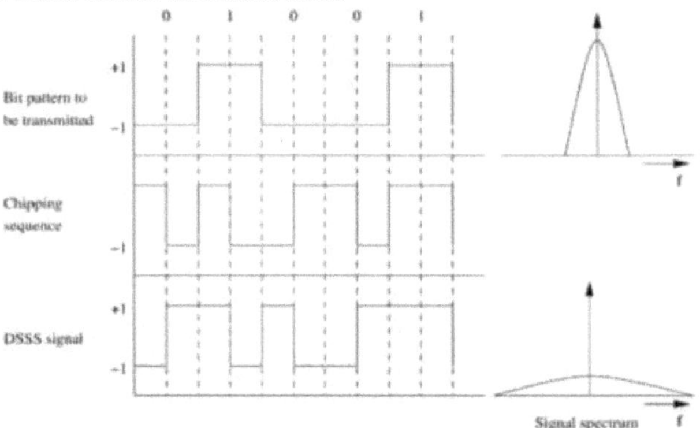

A codificação complementar (CCK) é uma técnica de modulação utilizada em conjunto com a DSSS. No CCK, é utilizado um conjunto de 64 palavras de código de 8 bits para codificar dados para as velocidades de dados de 5,5 Mbps e 11 Mbps na banda de 2,4 GHz da norma de rede sem fios IEEE 802.11

1.5.5 Acesso múltiplo por divisão espacial

A quarta dimensão em que a multiplexagem pode ser efectuada é o espaço. Em vez de utilizar transmissões omnidireccionais (como em FDMA, TDMA e CDMA) que cobrem toda a região circular em torno do transmissor, o acesso múltiplo por divisão espacial (SDMA) utiliza transmissores/antenas direccionais para cobrir regiões angulares. A Figura 1.6 mostra como o SDMA pode ser utilizado para comunicações por satélite.

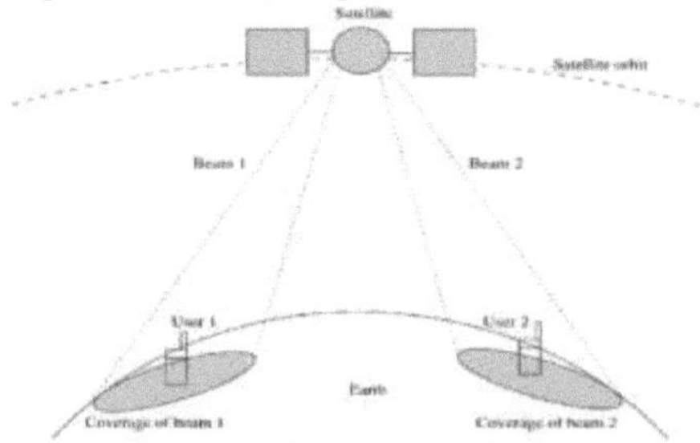

Figura 1.6 Ilustração do SDMA.

1.6 LANs sem fios:

Uma rede local sem fios (WLAN) é um método de distribuição sem fios para dois ou mais dispositivos que utilizam ondas de rádio de alta frequência e incluem frequentemente um ponto de acesso à Internet. Uma WLAN permite que os utilizadores se desloquem pela área de cobertura, frequentemente uma casa ou um pequeno escritório, mantendo uma ligação de rede.

Cada componente que se liga a uma WLAN é considerado uma estação e pertence a uma de duas categorias: pontos de acesso (APs) e clientes. Os APs transmitem e recebem sinais de radiofrequência com dispositivos capazes de receber sinais transmitidos; normalmente funcionam como routers. Os clientes podem incluir uma variedade de dispositivos, como computadores de secretária, estações de trabalho, computadores portáteis, telefones IP e outros telemóveis e Smartphones. Todas as estações capazes de comunicar entre si são designadas por conjuntos de serviços básicos (BSS), dos quais existem dois tipos: independentes e de infra-estruturas. Existem BSSs independentes (IBSS) quando dois clientes comunicam sem utilizar APs, mas não podem ligar-se a qualquer outro BSS. Essas WLANs são chamadas de peer-to-peer ou WLANs ad-hoc. O segundo BSS é designado por BSS de infraestrutura. Pode comunicar com outras estações, mas apenas noutros BSS e tem de utilizar APs.

1.7 PANs sem fios:

Uma WPAN (wireless personal area network - rede de área pessoal sem fios) é uma rede de área pessoal - uma rede para interligar dispositivos centrados no espaço de trabalho de uma pessoa - em que as ligações são sem fios. Normalmente, uma rede de área pessoal sem fios utiliza uma tecnologia que permite a comunicação num raio de cerca de 10 metros - por outras palavras, um alcance muito curto. Uma dessas tecnologias é o Bluetooth, que foi utilizado como base para uma nova norma, a IEEE 802.15.

Um conceito chave na tecnologia WPAN é conhecido como *plugging in*. No cenário ideal, quando dois dispositivos equipados com WPAN se aproximam (a vários metros um do outro) ou a alguns quilómetros de um servidor central, podem comunicar como se estivessem ligados por um cabo. Outra caraterística importante é a capacidade de cada dispositivo bloquear seletivamente outros dispositivos, evitando interferências desnecessárias ou o acesso não autorizado a informações.

1.8 WANS (Wide Area Networks)

Uma rede de área alargada (WAN) é uma rede que existe numa área geográfica de grande escala. Uma WAN liga diferentes redes mais pequenas, incluindo redes locais (LANs) e redes de área metropolitana (MANs). Isto garante que os computadores e utilizadores de um local possam comunicar com computadores e utilizadores de outros locais. A implementação de uma WAN pode ser efectuada com a ajuda do sistema público de transmissão ou de uma rede privada.

Uma WAN liga mais do que uma LAN e é utilizada para áreas geográficas maiores. As WANs são semelhantes a um sistema bancário, em que centenas de agências em diferentes cidades estão ligadas entre si para partilharem os seus dados oficiais. Uma WAN funciona de forma semelhante a uma LAN, mas numa escala maior. Normalmente, o TCP/IP é o protocolo utilizado para uma WAN em combinação com dispositivos como routers, switches, firewalls e modems.

1.9 WMANs (Wireless metropolitan area networks)

Uma *rede metropolitana sem fios* (WMAN) é também conhecida por Wireless Local Loop (*WLL*). As WMAN baseiam-se na norma *IEEE 802.16*. O lacete local sem fios pode atingir velocidades de transferência efectivas de 1 a 10 Mbps num raio de 4 a 10 quilómetros, o que o torna útil sobretudo para as empresas de telecomunicações.

A rede metropolitana sem fios mais conhecida é a WiMAX, que pode atingir velocidades da ordem dos 70 Mbps num raio de vários quilómetros.

1.10 Internet sem fios

A Internet sem fios refere-se à extensão dos serviços oferecidos pela Internet aos utilizadores móveis, permitindo-lhes aceder a informações e dados independentemente da sua localização. Os problemas inerentes associados ao domínio sem fios, à mobilidade dos nós e à conceção dos protocolos existentes utilizados na Internet exigem várias soluções para tornar a Internet sem fios uma realidade.

As principais questões que devem ser consideradas para a Internet sem fios são as seguintes.

- Mobilidade de endereços
- Ineficiência dos protocolos da camada de transporte
- Ineficiência dos protocolos da camada de aplicação

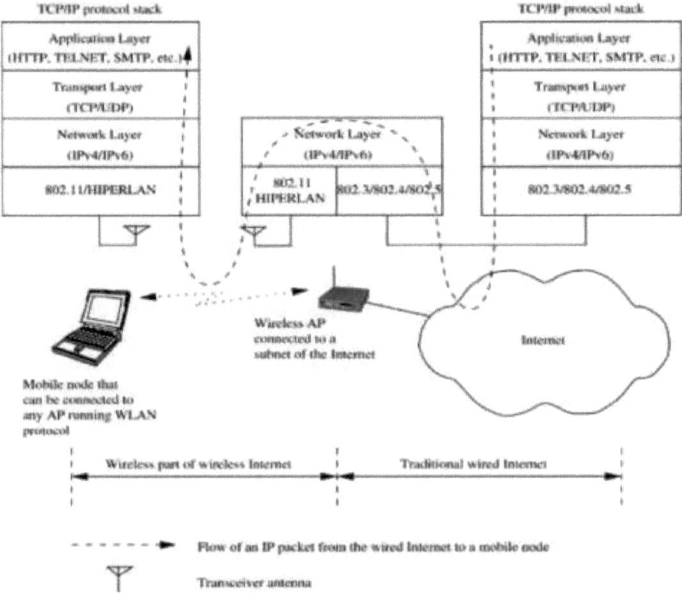

Figura 1.7. Uma ilustração da Internet sem fios.

Endereço Mobilidade

O protocolo da camada de rede utilizado na Internet é o protocolo Internet (IP), que foi concebido para redes com fios com nós fixos. O IP utiliza um endereçamento hierárquico com um endereço globalmente único de 32 bits1 que tem duas partes, o identificador de rede e o identificador de anfitrião, como mostra a Figura 1.8 (a). O identificador de rede refere-se ao endereço de sub-rede ao qual o anfitrião está ligado. Este esquema de endereçamento foi utilizado para reduzir o tamanho da tabela de encaminhamento nos encaminhadores principais da Internet, que utilizam apenas a parte de rede do endereço IP para tomar decisões de encaminhamento. Este esquema de endereçamento pode não funcionar diretamente na extensão sem fios da Internet, uma vez que os anfitriões móveis podem deslocar-se de uma sub-rede para outra, mas os pacotes endereçados ao anfitrião móvel podem ser entregues na antiga sub-rede à qual o nó estava originalmente ligado, como ilustrado nas Figuras 1.8 (b) e 1.8 (c).

A Figura 1.8 mostra a mobilidade de um nó (com o endereço IP 10.6.6.1) ligado à sub-rede A (endereço de sub-rede 10.6.6.x) que se desloca para outra sub-rede B com o endereço 10.6.15.x. Neste caso, os pacotes endereçados ao nó serão encaminhados para a sub-rede A em vez da sub-rede B, uma vez que a parte da rede no endereço do nó móvel é 10.6.6.x (ver Figura 1.8 (c)). O MobileIP2 é uma solução que utiliza um mecanismo de redireccionamento de endereços para resolver este problema de mobilidade de endereços na Internet sem fios.

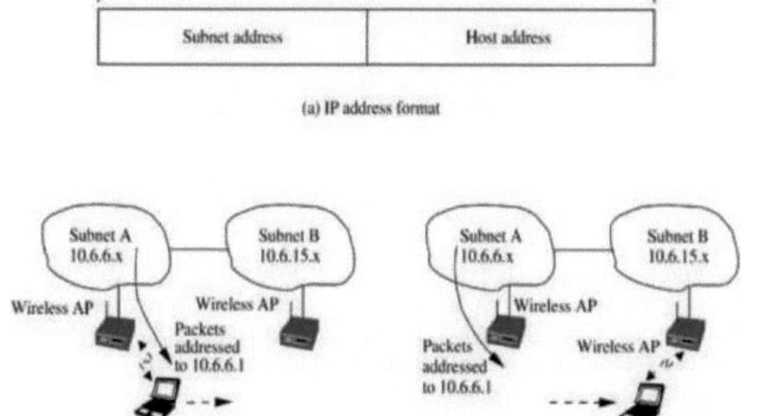

Figura 1.8. O problema da mobilidade de endereços.

Ineficiência dos protocolos da camada de transporte

O TCP é o protocolo da camada de transporte predominante nas redes com fios, embora o UDP, um protocolo da camada de transporte não fiável e sem ligação, seja utilizado por determinadas aplicações.

Ineficiência dos protocolos da camada de aplicação

Os protocolos tradicionais da camada de aplicação utilizados na Internet, como o HTTP3 , o TELNET, o protocolo de transferência de correio simples (SMTP) e várias linguagens de marcação, como o HTML, foram concebidos e optimizados para redes com fios. Muitos destes protocolos não são muito eficientes quando utilizados em ligações sem fios. Os principais problemas que impedem a utilização do HTTP na Internet sem fios são o seu funcionamento sem estado, a elevada sobrecarga devida à codificação de caracteres, as informações redundantes transportadas nos pedidos HTTP e a abertura de uma nova ligação TCP em cada transação.

CAPÍTULO - II

Redes de sensores ad-hoc

Rede Adhoc: Uma rede ad hoc terá normalmente uma topologia dinâmica, o que terá efeitos profundos nas características da rede. Os nós da rede são frequentemente alimentados por baterias, o que limita a capacidade da CPU, da memória e da largura de banda. As redes ad hoc também têm de suportar a comunicação entre nós que só estão ligados indiretamente por uma série de saltos sem fios através de outros nós.

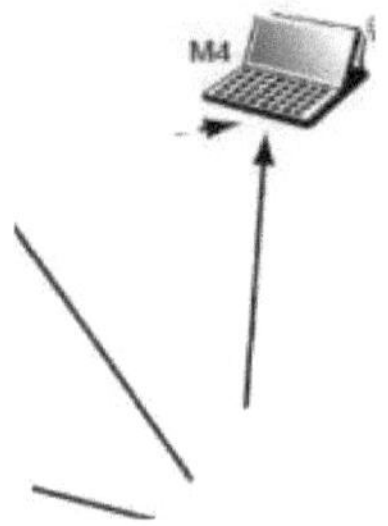

Rede ad-hoc

Rede de sensores: Uma rede de sensores sem fios pode ser definida como uma rede de dispositivos que podem comunicar as informações recolhidas num campo monitorizado através de ligações sem fios. Os dados são encaminhados através de vários nós e, com um gateway, os dados são ligados a outras redes, como a Ethernet sem fios.

2.1 Condicionalismos e desafios únicos

As redes ad hoc são uma arquitetura de auto-formação, auto-manutenção e auto-cura. Os desafios são a inexistência de um ponto de acesso fixo, a topologia dinâmica da rede, o ambiente adverso e a conetividade irregular. A rede ad hoc forma-se imediatamente e adapta-se às alterações e à potência limitada. Por último, as redes ad hoc não dispõem de uma autoridade centralizada de confiança. Devido à propriedade de mudança dinâmica, a rede ad hoc enfrenta alguns desafios que são enumerados nas secções seguintes.

- **Qualidade do serviço (QoS)**

A rede ad hoc está a criar dinamicamente a organização sempre que o nó quer comunicar com o seu nó vizinho. Devido à mudança dinâmica da topologia na rede ad hoc, o fornecimento de QoS é uma tarefa fastidiosa. A QoS é essencial devido ao rápido desenvolvimento da tecnologia móvel e das aplicações em tempo real, como multimédia e voz. O fornecimento de QoS numa rede ad hoc é necessário para manter a melhor relação custo-benefício do serviço.

- Recursos limitados: Devido à mudança dinâmica do fluxo de ligações, a rede ad hoc fornece recursos variáveis.

- Controlo de admissão suficiente: O controlo da admissão decide se a largura de banda disponível é suficiente para o fluxo de ligações nos recursos disponíveis. As redes ad hoc que oferecem uma capacidade de largura de banda finita podem afetar a qualidade final do serviço.

- Altamente dinâmica: As características das redes ad hoc são a mudança dinâmica da topologia e esta mudança dinâmica ocorre devido à transmissão via rádio e à mobilidade.

Escalabilidade

O problema da escalabilidade ocorre nas redes ad hoc devido à natureza do multi-hop. A escalabilidade das redes ad hoc depende da dimensão da rede e da capacidade de encaminhamento dos pacotes na rede.

Vantagens da rede ad-hoc:

O rápido desenvolvimento da tecnologia ad hoc é amplamente utilizado em computadores portáteis, tais como computadores portáteis, telemóveis utilizados para aceder a serviços Web e chamadas telefónicas quando o utilizador está em viagem. O desenvolvimento de redes auto-organizadas reduz o custo das comunicações.

O crescimento da tecnologia 4G melhora a comunicação em qualquer altura, em qualquer lugar e de qualquer forma na rede ad hoc. A rede ad hoc é simples de conceber e instalar. As vantagens de uma rede ad hoc incluem:

- Separação da administração central da rede.

- Os nós auto-configuráveis são também encaminhadores.

- Auto-reparação através de reconfiguração contínua.

- A escalabilidade incorpora a adição de mais nós.

- A mobilidade permite a criação de redes ad hoc em qualquer situação em que existam vários dispositivos sem fios.

- O ad hoc flexível pode ser instalado temporariamente em qualquer altura e em qualquer lugar.

- Custos de arranque mais baixos devido à administração descentralizada. Os nós da rede ad hoc não precisam de depender de qualquer hardware ou software. Assim, podem ser ligados e comunicados rapidamente.

Vantagens da rede de sensores:

- As configurações de rede podem ser efectuadas sem infra-estruturas fixas.

- Adequado para os locais inacessíveis, como o mar, as montanhas, as zonas rurais ou as florestas profundas.

- Flexível se houver uma situação aleatória em que seja necessário um posto de trabalho adicional.

- O preço de implementação é baixo.

- Evita muitos cabos.

- Poderá acomodar novos dispositivos em qualquer altura.

- É flexível para se submeter a partições físicas.

- Pode ser acedido através de um monitor centralizado.

Aplicações de condução:

Surgiram numerosas aplicações das RSSF, tendo sido apresentada uma classificação geral no Quadro 1. É bastante difícil organizá-las de forma sistemática, sendo inevitável alguma sobreposição. A Figura 1 mostra muitas áreas de aplicação. No entanto, não representam qualquer progressão cronológica do desenvolvimento nem uma lista completa, mas sim uma classificação exaustiva de diferentes domínios.

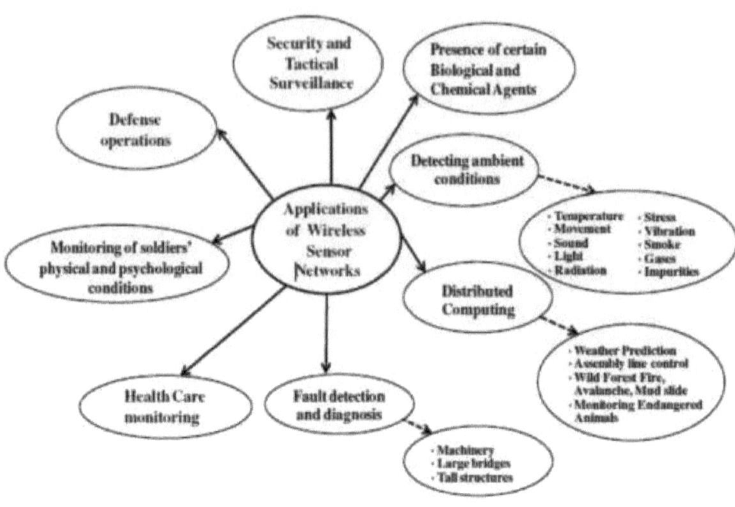

As RSSF trazem uma multiplicidade de benefícios à nossa vida quotidiana.

Aplicação	Benefício
Medir os microclimas nas explorações agrícolas	Aumentar o rendimento das culturas por quilómetro quadrado
Monitorizar o tráfego nos sistemas rodoviários	Desviar o trânsito de engarrafamentos, acidentes e zonas de construção; alertar os serviços de emergência
Detetar a presença humana em casas e escritórios	Reduzir o desperdício de energia no AVAC e na iluminação
Medição eléctrica/gás/água	Otimizar os sistemas de distribuição de serviços públicos e reduzir as ineficiências

Aplicações de defesa das RSSF:

As RSSF foram introduzidas para fins de defesa, pelo que começamos por esse tipo de aplicações. A ideia aqui é implantar SNs a partir de aviões ou drones que voam a baixa altitude e, quando os SNs aterram na superfície da terra, recolhem informações da área circundante da zona de guerra e enviam dados para uma poderosa estação de base (BS) ou nó de dissipação localizado dentro do avião. Os dados são recolhidos e analisados pela BS e determinam informações estratégicas, como o tipo e o número de tanques no campo de batalha, o número de soldados, a elevação do terreno e os tipos de esconderijos, como bunkers.

Aplicações civis:

Foram sugeridas muitas aplicações civis para as RSSF. Estas podem ser divididas em quatro categorias principais, como mostra a Fig. 2.1. Estas são analisadas nos parágrafos seguintes.

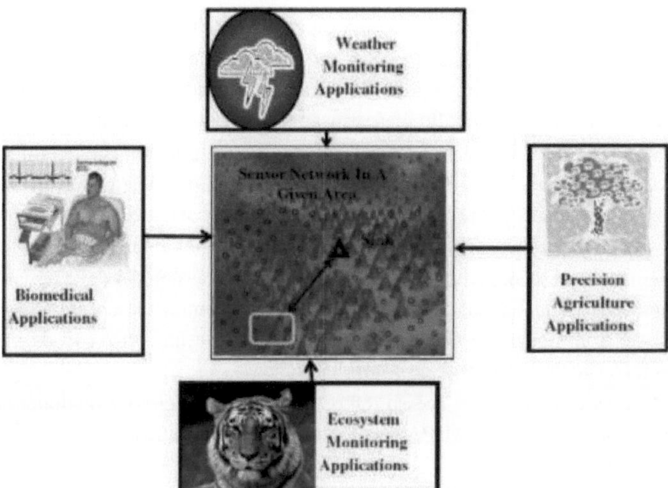

Figura 2.1. Categorização das aplicações civis das RSSF

- Aplicações de monitorização meteorológica
- Aplicações de agricultura de precisão
- Aplicações de monitorização do sistema Echo
- Aplicações biomédicas

2.2 Problemas nas redes sem fios Ad hoc

As principais questões que afectam a conceção, a implantação e o desempenho de um sistema ad hoc sem fios são as seguintes

- Regime de acesso médio
- Encaminhamento
- Multicasting
- Protocolo da camada de transporte
- Regime de preços
- Qualidade do fornecimento de serviços
- Auto-organização
- Segurança
- Gestão da energia
- Endereçamento e descoberta de serviços
- Escalabilidade
- Considerações sobre a implantação

2.2.1 Regime de acesso médio:

A principal responsabilidade de um protocolo de controlo do acesso ao meio (MAC) nas redes sem fios ad hoc é a arbitragem distribuída do canal partilhado para a transmissão de pacotes. As principais questões a ter em conta na conceção de um protocolo MAC para redes ad hoc sem fios são as seguintes

■ **Sincronização:** O projeto do protocolo MAC deve ter em conta o requisito de sincronização temporal. A sincronização é obrigatória nos sistemas baseados em TDMA para a gestão das faixas horárias de transmissão e receção. A sincronização implica a utilização de recursos escassos, como a largura de banda e a energia da bateria.

■ **Terminais ocultos:** Os terminais ocultos são nós que estão ocultos (ou inacessíveis) ao remetente de uma sessão de transmissão de dados, mas que são acessíveis ao recetor da sessão. Nestes casos, o terminal oculto pode causar colisões no nó recetor.

■ **Terminais expostos:** Os terminais expostos, os nós que se encontram no raio de transmissão do remetente de uma sessão em curso, são impedidos de efetuar uma transmissão. Para melhorar a eficiência do protocolo MAC, os nós expostos devem ser autorizados a transmitir de forma controlada, sem causar colisão na transferência de dados em curso.

■ **Rendimento:** O protocolo MAC utilizado em redes ad hoc sem fio deve tentar maximizar a taxa de transferência do sistema. As considerações importantes para o aumento da taxa de transferência são a minimização da ocorrência de colisões, a maximização da utilização do canal e a minimização da sobrecarga de controlo.

■ **Atraso de acesso:** O atraso de acesso refere-se ao atraso médio que qualquer pacote sofre para ser transmitido. O protocolo MAC deve tentar minimizar o atraso.

2.2.2 Encaminhamento:

Os principais requisitos de um protocolo de encaminhamento em redes ad hoc sem fios são os seguintes:

■ **Atraso mínimo na aquisição de rotas:** O atraso na aquisição de uma rota para um nó que não tem uma rota para um determinado nó de destino deve ser o mínimo possível. Este atraso pode variar consoante a dimensão da rede e a carga da mesma.

■ **Reconfiguração rápida da rota:** As mudanças imprevisíveis na topologia da rede exigem que o protocolo de encaminhamento seja capaz de efetuar rapidamente a reconfiguração da rota, a fim de lidar com quebras de caminho e subsequentes perdas de pacotes.

■ **Suporte para tráfego sensível ao fator tempo:** As comunicações tácticas e aplicações semelhantes exigem o suporte de tráfego sensível ao tempo. O protocolo de encaminhamento deve ser capaz de suportar tanto o tráfego em tempo real rígido como o tráfego em tempo real não rígido.

■ **Segurança e privacidade:** O protocolo de encaminhamento em redes ad hoc sem fios deve ser resistente a ameaças e vulnerabilidades. Deve ter capacidade incorporada para evitar o consumo de recursos, a negação de serviço, a falsificação de identidade e outros ataques semelhantes possíveis numa rede ad hoc sem fios.

2.2.3 Multicasting

Desempenha um papel importante nas operações de busca e salvamento de emergência e nas comunicações militares. A utilização de conetividade de ligação única entre os nós de um grupo multicast resulta numa topologia de encaminhamento multicast em forma de árvore.

As principais questões na conceção de protocolos de encaminhamento multicast são as seguintes:

1. *Robustez :*

- O protocolo de encaminhamento multicast deve ser capaz de recuperar e reconfigurar rapidamente eventuais quebras de ligação induzidas pela mobilidade, tornando-o assim adequado para utilização em ambientes altamente dinâmicos.

2. *Eficiência :*

- Um protocolo multicast deve efetuar um número mínimo de transmissões para entregar um pacote de dados a todos os membros do grupo.

3. *Controlo geral :*

- A escassa disponibilidade de largura de banda nas redes ad hoc sem fios exige uma sobrecarga de controlo mínima para a sessão multicast.

2.2.4 Protocolo da camada de transporte

Os principais objectivos dos protocolos da camada de transporte incluem:

- Estabelecer e manter ligações de ponta a ponta,
- Entrega fiável de pacotes de ponta a ponta,
- Controlo do fluxo e controlo do congestionamento.

2.2.5 Regime de preços

- Suponha que uma rota óptima do nó A para o nó B passa pelo nó C, e que o nó C não está ligado.
- Nesse caso, o nó A terá de estabelecer uma rota mais cara e não óptima para B.
- O caminho não ótimo consome mais recursos e afecta o rendimento do sistema.

2.2.6 Provisionamento da qualidade do serviço (QoS)

- QOS é o nível de desempenho dos serviços oferecidos por um fornecedor de serviços ou uma rede ao utilizador.
- o aprovisionamento QOS requer frequentemente
- Negociação entre o anfitrião e a rede.
- Sistemas de reserva de recursos.
- Programação de prioridades e controlo da admissão de chamadas.

2.2.7 Auto-organização

- Uma propriedade muito importante que uma rede ad hoc sem fios deve apresentar é a organização e manutenção da rede por si própria.
- As principais actividades que uma rede ad hoc sem fios tem de realizar para se auto-organizar são
- Descoberta de vizinhança.
- Organização da topologia & Reorganização da topologia (atualização da informação da topologia)

2.2.8 Gestão da energia

- A gestão da energia é definida como o processo de gestão das fontes e dos consumidores de energia num nó ou na rede para aumentar o tempo de vida de uma rede.
- As características da gestão da energia são :

^ modelação do padrão de descarga de energia da bateria de um nó para aumentar a vida útil da bateria.

Encontrar rotas que consumam o mínimo de energia; > Utilizar esquemas de programação distribuídos para melhorar a duração da bateria. Gestão do processador e dos dispositivos de interface para minimizar o consumo de energia.

2.2.9 Considerações sobre a implantação

A implantação de uma rede comercial ad hoc sem fios tem as seguintes vantagens em relação às redes com fios

a) *Baixo custo de implantação:*

- A utilização de retransmissão sem fios multi-hop elimina a necessidade de cabos e de manutenção na implantação da infraestrutura de comunicação.

* O custo envolvido é muito inferior ao das redes com fios.

b) *Implementação incremental:*
* A implantação pode ser efectuada de forma progressiva em regiões geográficas da cidade.
* A parte implantada da rede começa a funcionar imediatamente após a configuração mínima ter sido efectuada.

c) *Tempo de implantação curto:*
- Em comparação com as redes com fios, o tempo de implantação é consideravelmente menor devido à ausência de ligações com fios.

2.3 Questões relativas à conceção de redes de sensores

As redes de sensores colocam alguns desafios de conceção pelas razões que se seguem:

* Os nós sensores são implantados aleatoriamente e, por conseguinte, não se enquadram numa topologia regular. Uma vez implantados, normalmente não requerem qualquer intervenção humana. Por conseguinte, a configuração e a manutenção da rede devem ser totalmente autónomas.

* As redes de sensores não têm infra-estruturas. Por conseguinte, todos os algoritmos de encaminhamento e manutenção têm de ser distribuídos.

* Um importante estrangulamento no funcionamento dos nós sensores é a energia disponível. Normalmente, os sensores dependem apenas da sua bateria para obter energia, que em muitos casos não pode ser recarregada ou substituída. Por conseguinte, a energia disponível nos nós deve ser considerada como uma restrição importante aquando da conceção dos protocolos. Por exemplo, é desejável dar ao utilizador a opção de trocar o tempo de vida da rede pela tolerância a falhas ou pela precisão dos resultados.

* A conceção do hardware para os nós sensores deve também considerar a eficiência energética como um requisito fundamental. O microcontrolador, o sistema operativo e o software de aplicação devem ser concebidos para poupar energia.

* Os nós sensores devem poder sincronizar-se entre si de forma totalmente distribuída, de modo a que possam ser impostas programações TDMA e a ordenação temporal dos eventos detectados possa ser efectuada sem ambiguidade.

* Uma rede de sensores deve também ser capaz de se adaptar a alterações de conetividade devido à falha de nós ou ao arranque de novos nós. Os protocolos de encaminhamento devem ser capazes de incluir ou evitar dinamicamente nós sensores nas suas trajectórias.

* A comunicação em tempo real através de redes de sensores deve ser suportada através do fornecimento de garantias sobre o atraso máximo, a largura de banda mínima ou outros parâmetros de QoS.

* Devem ser adoptadas disposições para uma comunicação segura através de redes de sensores, especialmente para aplicações militares que transportam dados sensíveis.

2.4 Arquitetura da rede de sensores

A conceção das redes de sensores é influenciada por factores como a escalabilidade, a tolerância a falhas e o consumo de energia. Os dois tipos básicos de arquitetura de redes de sensores são a arquitetura em camadas e a arquitetura em clusters.

***1.* Arquitetura em camadas:**

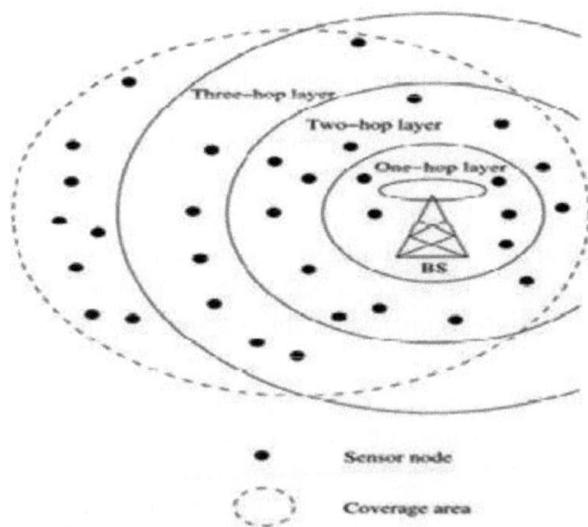

As arquitecturas em camadas têm sido utilizadas em backbones sem fios em edifícios e em infra-estruturas militares baseadas em sensores, como a arquitetura de rede de infra-estruturas multi-hop (MINA).

Quadro Unificado de Protocolos de Rede (UNPF)

O UNPF é um conjunto de protocolos para a implementação completa de uma arquitetura em camadas para redes de sensores. O UNPF integra três operações na sua estrutura de protocolos: inicialização e manutenção da rede, MAC e protocolos de encaminhamento.

(i) Protocolo de inicialização e manutenção da rede

O protocolo de inicialização da rede organiza os nós sensores em diferentes camadas, utilizando a capacidade de difusão da BS. A BS pode alcançar todos os nós numa comunicação de um salto através de um canal de controlo comum. A BS transmite o seu identificador (ID) utilizando um código CDMA conhecido no canal de controlo comum. Todos os nós que ouvem esta transmissão registam então o ID da BS.

(ii) Protocolo MAC:

A inicialização da rede é efectuada num canal de controlo comum. Durante a fase de transmissão de dados, é utilizado o protocolo MAC de atribuição de canal orientado para o recetor TDMA distribuído (DTROC). A cada nó é atribuído um canal de receção pela BS, e a reutilização do canal é tal que as colisões são evitadas.

(iii) Protocolo de encaminhamento:

A ligação descendente da BS é feita por difusão direta no canal de controlo. A arquitetura em camadas permite o encaminhamento de dados multi-hop dos nós sensores para a BS. Foi proposta uma modificação ao conjunto de protocolos UNPF denominada UNPF-R. Esta faz com que os nós sensores se adaptem

Para uma gama de transmissão R, a função objetivo é $f(R) = \dfrac{c \times d}{n/N}$ em que N é o número total de sensores no sistema; n é o número de nós na primeira camada; € é o consumo de energia por pacote; e d é o atraso médio dos pacotes. A BS selecciona uma nova gama de transmissão R' do seguinte modo. Se a BS não receber nenhum pacote de qualquer nó sensor durante um determinado intervalo de tempo, o alcance de transmissão é aumentado em Ar, um incremento predefinido. Caso contrário, o alcance de transmissão é diminuído por Ar com probabilidade 0,5 x (n/N), ou aumentado por Ar com probabilidade [1 - 0,5 x (n/N)]. A função objetivo é reavaliada com a nova gama de transmissão.

Se $f(R') < f(R)$, , é adoptada a gama de transmissão R'. Caso contrário, R é modificado para R' com $e^{\frac{(f(R)-f(R'))\times(n/N)}{T}}$, , em que T é o parâmetro de temperatura, como no recozimento simulado.

A vantagem do UNPF-R é que ele minimiza a métrica energia x atraso, e maximiza o número de nós que podem se conectar à BS. A minimização da métrica energia x atraso garante que a transmissão deve ocorrer com o mínimo de atraso e com o mínimo de consumo de energia. Os dois objectivos conflituosos são optimizados em conjunto através da minimização do seu produto.

2. *Arquitetura em cluster:*

Uma arquitetura em clusters organiza os nós sensores em clusters, cada um governado por um chefe de cluster. Os nós em cada agrupamento estão envolvidos em trocas de mensagens com os respectivos chefes de agrupamento, e estes enviam mensagens para um BS, que é normalmente um ponto de acesso ligado a uma rede com fios.

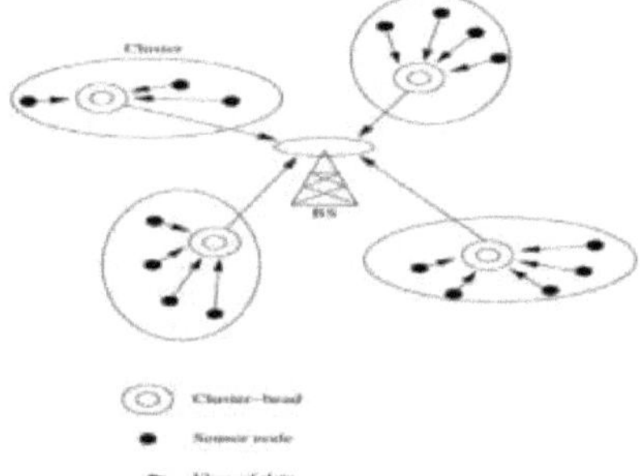

Isto é conseguido através de protocolos da camada de rede, como a hierarquia de agrupamento adaptativa de baixo consumo de energia (LEACH).

Hierarquia de agrupamento adaptativa de baixa energia (LEACH):

O LEACH é um protocolo baseado em agrupamentos que minimiza a dissipação de energia em redes de sensores. O LEACH selecciona aleatoriamente nós como chefes de agrupamento e efectua uma reeleição periódica, de modo a que a elevada dissipação de energia experimentada pelos chefes de agrupamento na comunicação com a BS seja distribuída por todos os nós da rede. Cada iteração de seleção de cabeças de agrupamento é designada por ronda. O funcionamento do LEACH divide-se em duas fases: preparação e manutenção.

Durante a fase de configuração, cada nó sensor escolhe um número aleatório entre 0 e 1. Se este for inferior ao limiar para o nó n, $T(n)$, o nó sensor torna-se um chefe de agrupamento. O limiar $T(n)$ é calculado da seguinte forma

$$T(n) = \begin{cases} \frac{P}{1-P[r \times mod(1/P)]} & \text{if } n \in G \\ 0 & \text{otherwise,} \end{cases}$$
caso contrário,

em que P é a percentagem desejada de nós que são chefes de agrupamento, r é a ronda atual e G é o conjunto de nós que não foram chefes de agrupamento nas últimas $1/P$ rondas. Os cluster-heads atribuem então uma programação TDMA aos membros do seu cluster.

A fase estável tem uma duração mais longa, a fim de minimizar a sobrecarga da formação de clusters. Durante a fase estável, a transmissão de dados é efectuada com base na programação

TDMA e os cluster-heads efectuam a agregação/fusão de dados através de computação local. Após um determinado período de tempo na fase estável, os cluster-heads são novamente seleccionados através da fase de configuração.

2.5 Divulgação de dados

A disseminação de dados é o processo pelo qual as consultas ou os dados são encaminhados na rede de sensores. Os dados recolhidos pelos nós sensores têm de ser comunicados à BS ou a qualquer outro nó interessado nos dados. O nó que gera os dados é designado por *fonte* e a informação a comunicar é designada por *evento*. Um nó que esteja interessado num evento e procure informações sobre o mesmo é designado por *sink*. Foram desenvolvidos modelos de tráfego para as redes de sensores, tais como os modelos de recolha de dados e de disseminação de dados (difusão). No modelo de recolha de dados, a fonte envia os dados que recolhe para uma entidade de recolha, como a BS.

Inundações:

No flooding, cada nó que recebe um pacote transmite-o se o número máximo de saltos do pacote não for atingido e se o próprio nó não for o destino do pacote. Mas o flooding tem as seguintes desvantagens:

■ Implosão: É a situação em que mensagens duplicadas são enviadas para o mesmo nó. Isto ocorre quando um nó recebe cópias da mesma mensagem de muitos dos seus vizinhos.

■ Sobreposição: O mesmo evento pode ser detectado por mais do que um nó devido à sobreposição de regiões de cobertura. Isto faz com que os seus vizinhos recebam relatórios duplicados do mesmo evento.

■ Falta de recursos: O protocolo de inundação não tem em conta a energia disponível nos nós e resulta em muitas transmissões redundantes. Por conseguinte, reduz o tempo de vida da rede.

Mexericos:

Gossiping é uma versão modificada do flooding, em que os nós não difundem um pacote, mas enviam-no para um vizinho selecionado aleatoriamente. Isto evita o problema da implosão, mas leva muito tempo para que uma mensagem se propague por toda a rede.

Roteamento de rumores:

Rumor routing é um algoritmo de criação de caminhos baseado em agentes. Os agentes, ou "formigas", são entidades de longa duração criadas aleatoriamente pelos nós. Basicamente, são pacotes que circulam na rede para estabelecer caminhos mais curtos para os eventos que encontram. Podem também efetuar optimizações de caminhos nos nós que visitam. Quando um agente encontra um nó cujo caminho para um evento é mais longo do que o seu, actualiza a tabela de encaminhamento do nó.

A Figura 2.2 ilustra o funcionamento do algoritmo de encaminhamento de boatos. Na Figura 2.2 (a), o agente registou inicialmente um caminho de distância 2 para o evento *E1*. A tabela *do nó A* mostra que ele está a uma distância 3 do evento *E1* e a uma distância 2 de *E2*. Quando o agente visita o nó *A,* actualiza a sua própria informação sobre o estado do percurso para incluir o percurso para o evento *E2*. A atualização é feita com um salto de distância a mais do que o encontrado em *A,* para ter em conta o salto entre qualquer vizinho de *A* que o agente visitará a seguir e *A*. Também optimiza o caminho para *E1* registado no nó *A* para o caminho mais curto através do nó *B*. O estado atualizado da tabela do agente e do nó é apresentado na Figura 2.2 (b).

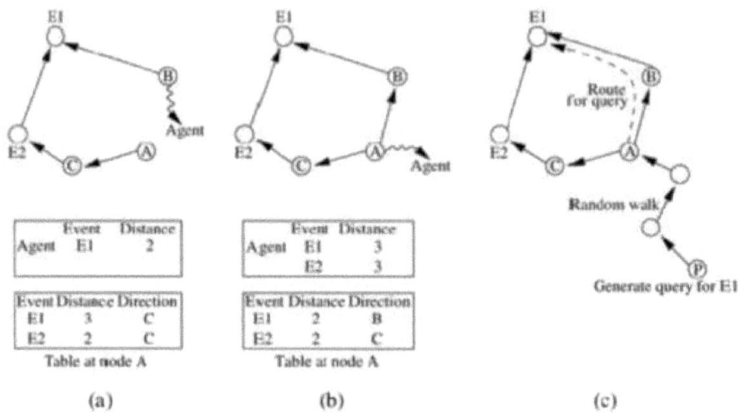

	Event	Distance
Agent	E1	2

Event	Distance	Direction
E1	3	C
E2	2	C

Table at node A

	Event	Distance
Agent	E1	3
	E2	3

Event	Distance	Direction
E1	2	B
E2	2	C

Table at node A

(a)   (b)   (c)

Figura 2.2. Encaminhamento de rumores.

Roteamento de atribuição sequencial:

O algoritmo de encaminhamento de atribuição sequencial (SAR) cria várias árvores, em que a raiz de cada árvore é um vizinho de um salto do sumidouro. Cada árvore cresce a partir do sink e evita nós com baixa taxa de transferência ou alto atraso. No final do procedimento, a maioria dos nós pertence a várias árvores.

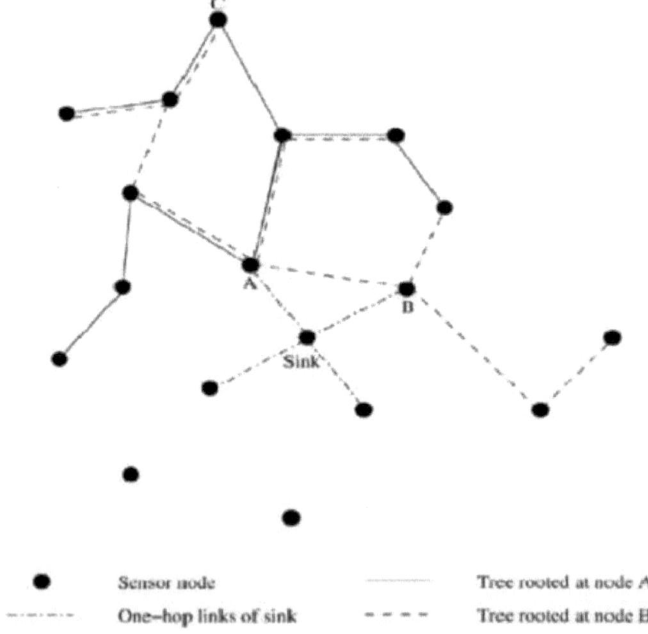

O algoritmo SAR escolhe um caminho com recursos energéticos estimados elevados, e podem ser adoptadas disposições para acomodar pacotes de diferentes prioridades. É utilizada uma métrica de QoS ponderada para tratar os pacotes prioritários, que é calculada como um produto do nível de prioridade e do atraso. O encaminhamento garante que a mesma métrica de QoS ponderada seja mantida.

Difusão dirigida:

Geram pedidos/consultas de dados detectados por outros nós, em vez de todas as consultas virem apenas de uma BS. Assim, o sink para a consulta pode ser uma BS ou um nó sensor. O protocolo de encaminhamento de difusão dirigida melhora a difusão de dados utilizando gradientes de interesse. O modelo de difusão permite que os nós armazenem em cache ou transformem localmente (agreguem) dados. Isto aumenta a escalabilidade da comunicação e reduz o número de transmissões de mensagens necessárias.

Protocolos de sensores para informação através de negociação:

É proposta uma família de protocolos designada por protocolos de sensores para informação através de negociação (SPIN). O SPIN utiliza a negociação e a adaptação de recursos para resolver as deficiências da inundação. A negociação reduz a sobreposição e a implosão, e é utilizada uma operação consciente dos recursos baseada em limiares para prolongar o tempo de vida da rede.

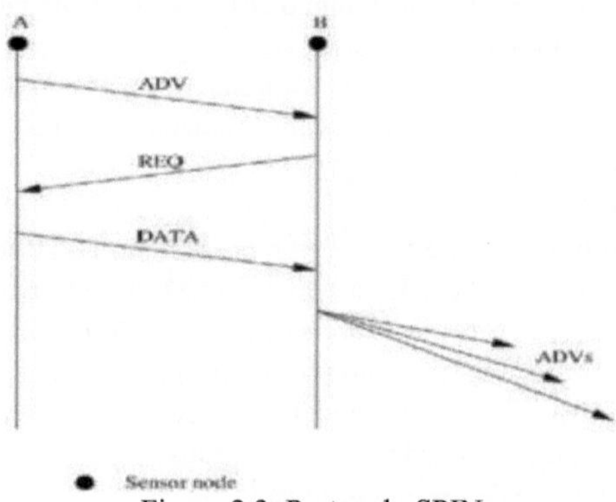

Figura 2.3. Protocolo SPIN

Abordagem de campo de custo:

A abordagem do campo de custos considera o problema da criação de caminhos para um sumidouro. Trata-se de um processo em duas fases, sendo a primeira fase a criação do campo de custos, com base em métricas como o atraso, em todos os nós sensores, e a segunda a disseminação de dados utilizando os custos.

A fase 1 estabelece um campo de custos a partir do nó sink. Quando um nó N ouve uma mensagem ADV do nó M, define o custo do seu próprio caminho como $min(LN, LM + CNM)$, em que LN é o custo total do caminho do nó N para o sumidouro, LM representa o custo do nó M para o sumidouro e CNM é o custo do nó N para M. Se LN foi atualizado, o novo custo é transmitido através de outro ADV.

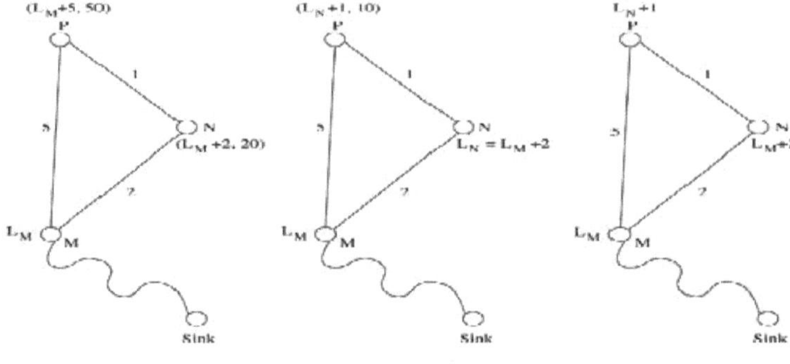

(a) Time T, after M's ADV   (b) Time T + 20, after N's ADV   (c) Time T + 30, after P's ADV

A fase 2 é o processo de disseminação dos dados. Uma vez estabelecido o campo de custo, uma fonte envia a sua mensagem ao sink S com o custo CS. Cada nó intermédio reencaminha o pacote se o custo registado no pacote mais o seu próprio custo for igual ao custo original entre a fonte e o sumidouro. Isto garante que o caminho original ótimo é usado sempre que um pacote é encaminhado. Durante o encaminhamento, os nós intermédios também actualizam o campo cost-so- far.

Tabela de Hash Geográfico:

A tabela de hash geográfica (GHT) é um sistema baseado no armazenamento centrado nos dados, inspirado em sistemas de tabela de hash distribuída (DHT) à escala da Internet, como o Chord e o Tapestry. O protocolo de encaminhamento utilizado é o GPSR (greedy perimeter stateless routing), que utiliza novamente informações geográficas para encaminhar os dados e as consultas. O GHT é mais eficaz em grandes redes de sensores, em que é detectado um grande número de eventos, mas nem todos são consultados.

Pequena rede de comunicação de energia mínima:

A Small Minimum Energy Communication Network (SMECN) é um protocolo proposto para construir uma sub-rede a partir de uma determinada rede de comunicações. Se toda a rede de sensores for representada por um grafo G, o subgrafo G' é construído de forma a minimizar a utilização de energia da rede. A energia necessária para transmitir dados entre dois nós u e v é modelada como

$$p(u, v) = t \times d(u, v)^n$$

em que t é uma constante, n é o expoente da perda de potência com a distância do transmissor e $d(u, v)$ é a distância entre u e v. Seja c a potência necessária para receber os dados. Como a potência de transmissão aumenta exponencialmente com a distância, seria mais económico transmitir os dados por saltos mais pequenos. Suponhamos que o trajeto entre u (ou seja, $u0$) e v (*ou seja, uk*) é representado por $r1 = (u0, u1, ...uk)$, de tal modo que cada $(ui, ui+1)$ é uma aresta no subgrafo G', então a potência total consumida para a transmissão é

$$C(r) = \sum_{i=0}^{k-1} (p(u_i, u_{i+1}) + c)$$

O caminho r é o caminho ME se $C(r) < C(r)$ *para* todos os caminhos r' entre u e v no grafo G. *Diz-se* que o *subgrafo* G' tem a propriedade ME se existir um caminho r em G' que é um caminho ME em G, para todos os pares de nós (u, v). A SMECN utiliza apenas os caminhos

ME de G' para a transmissão de dados, de modo a minimizar o consumo total de energia.

2.6 Recolha de dados

O objetivo do problema de recolha de dados é transmitir os dados recolhidos de cada nó sensor para uma BS. Uma ronda é definida como a recolha de dados de todos os nós sensores por uma única vez. Este esquema tem um desempenho fraco no que respeita à métrica energia x atraso.

Recolha eficiente de energia para sistemas de informação de sensores:

O PEGASIS (Power-efficient gathering for sensor information systems) é um protocolo de recolha de dados baseado no pressuposto de que todos os nós sensores conhecem a localização de todos os outros nós, ou seja, a informação sobre a topologia está disponível para todos os nós.

Os objectivos do PEGASIS são os seguintes

- Minimizar a distância de transmissão de cada nó
- Minimizar a sobrecarga de difusão
- Minimizar o número de mensagens que precisam de ser enviadas para o BS
- Distribuir o consumo de energia igualmente por todos os nós

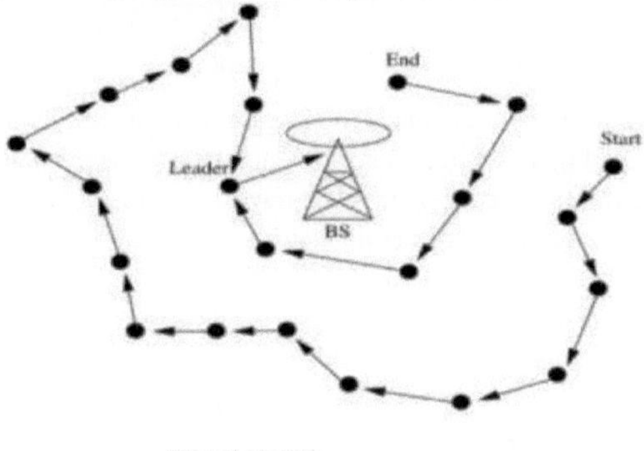

Figura 2.4. Recolha de dados com o PEGASIS.

Esquema binário:

Este é também um esquema baseado em cadeias, tal como o PEGASIS, que classifica os nós em diferentes níveis. Todos os nós que recebem mensagens num nível sobem para o nível seguinte. O número de nós é reduzido para metade de um nível para o outro. O número de nós é reduzido para metade de um nível para o outro. Por exemplo, considere-se uma rede com oito nós rotulados de *s0* a *s7*. Este esquema é possível quando os nós comunicam utilizando CDMA, de modo a que as transmissões de cada nível possam ser efectuadas simultaneamente.

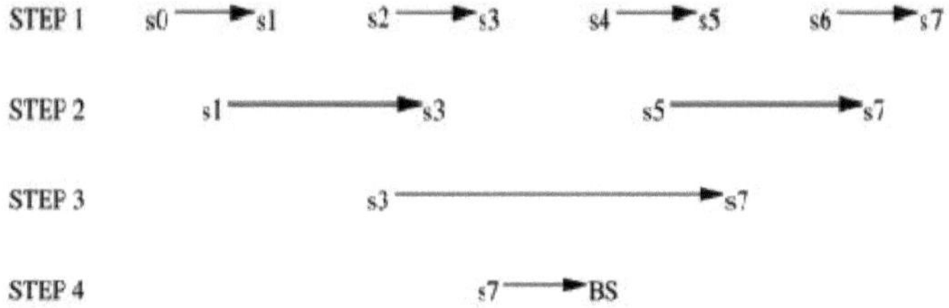

Esquema de três níveis baseado em cadeias:

Para nós sensores não-CDMA, um esquema binário não é aplicável. O esquema de três níveis baseado em cadeias aborda esta situação, em que, mais uma vez, é construída uma cadeia como no PEGASIS. A cadeia é dividida num certo número de grupos para espaçar as transmissões simultâneas, de modo a minimizar as interferências. Um nó de cada grupo agrega os dados de todos os membros do grupo e sobe para o nível seguinte. O índice deste nó líder é decidido a *priori*. No segundo nível, todos os nós são divididos em dois grupos, e o terceiro nível consiste numa troca de mensagens entre um nó de cada grupo do segundo nível.

Finalmente, o líder transmite uma única mensagem para a BS. O funcionamento deste esquema é ilustrado na Figura. A rede tem 100 nós, e o tamanho do grupo é dez para o primeiro nível e cinco para o segundo nível. Através de simulações, verificou-se que três níveis proporcionam a melhor relação energia x atraso.

CAPÍTULO - III

Protocolos MAC

3.1 Problemas na conceção de protocolos MAC para redes sem fios adhoc

As principais questões na conceção de um protocolo MAC para uma rede ad hoc sem fios são Eficiência da largura de banda.

* A largura de banda deve ser utilizada de forma eficiente.
* Controlo mínimo de despesas gerais.
* BW = rácio entre o BW utilizado para a transmissão efectiva de dados e o BW total disponível.

3.1.1 Apoio à qualidade do serviço

■ Essencial para suportar sessões de tráfego de tempo crítico.

■ Dispõem de um mecanismo de reserva de recursos que tem em conta a natureza do canal sem fios e a mobilidade dos nós.

3.1.2 Sincronização

■ O protocolo MAC deve considerar a sincronização entre os nós da rede.

■ A sincronização é muito importante para a reserva de BW (time slot) pelos nós.

■ A troca de pacotes de controlo pode ser necessária para conseguir a sincronização do tempo entre os nós.

3.1.3 Problemas de terminais ocultos e expostos

■ O problema do terminal oculto refere-se à colisão de pacotes num nó recetor devido à transmissão simultânea dos nós que não estão dentro do alcance direto de transmissão do emissor mas que estão dentro do alcance de transmissão do recetor.

■ A colisão ocorre quando os dois nós transmitem pacotes ao mesmo tempo sem saberem da transmissão um do outro.

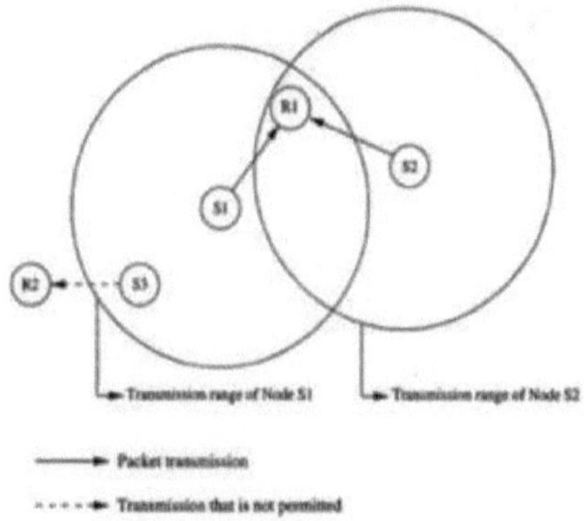

Figure | Hidden and exposed terminal problems.

■ S1 e S2 estão escondidos um do outro e transmitem simultaneamente para R1, o que leva a uma colisão.

■ O problema do terminal exposto refere-se à incapacidade de um nó, que está bloqueado devido à transmissão por um nó transmissor próximo, de transmitir para outro nó.

■ Se S1 já estiver a transmitir para R1, então S3 não pode interferir com a transmissão em curso e não pode transmitir para R2.

■ Os problemas de terminais ocultos e expostos reduzem o rendimento de uma rede quando a carga de tráfego é elevada.

3.1.4 Canal de difusão partilhado propenso a erros

■ Quando um nó está a receber dados, nenhum outro nó na sua vizinhança deve transmitir.

■ Um nó só deve ter acesso ao meio partilhado se a sua transmissão não afetar nenhuma sessão em curso.

■ O protocolo MAC deve conceder acesso ao canal aos nós de forma a minimizar as colisões.

■ O protocolo deve garantir uma repartição equitativa da PB.

3.1.5 Carácter distribuído/falta de coordenação central

Não têm coordenadores centralizados.

■ Os nós devem ser programados de forma distribuída para obterem acesso ao canal.

■ O protocolo MAC deve garantir que a sobrecarga adicional, em termos de consumo de largura DE BANDA, decorrente desta informação de controlo não seja muito elevada.

3.1.6 Mobilidade dos nós

■ Os nós são móveis a maior parte do tempo

■ A conceção do protocolo deve ter em conta este fator de mobilidade para que o desempenho do sistema não seja afetado devido à mobilidade dos nós.

3.2 Classificação dos protocolos MAC

Os protocolos MAC das redes ad hoc podem ser classificados em três tipos básicos:

i. Protocolos baseados em contenção
ii. Protocolos baseados em contenção com mecanismos de reserva
iii. Protocolos baseados em contenção com mecanismos de calendarização
iv. Outros protocolos MAC [protocolos que não se enquadram nas 3 categorias anteriores]

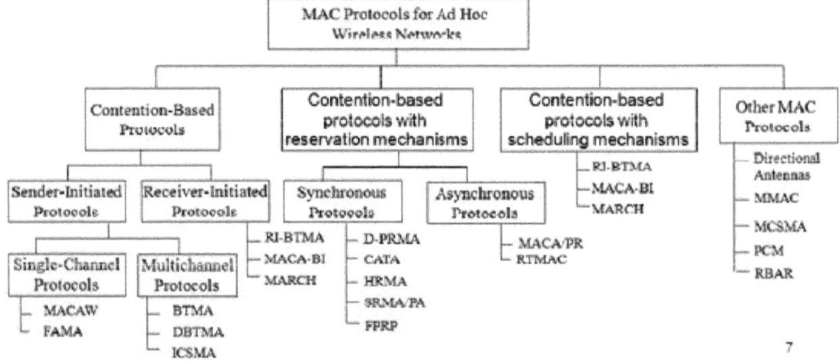

Protocolos baseados em contenção

- Protocolos iniciados pelo remetente: As transmissões de pacotes são iniciadas pelo nó remetente.

• *Protocolos iniciados pelo remetente de canal único*: Um nó que ganha a disputa pelo canal pode utilizar toda a largura de banda.

• *Protocolos iniciados pelo remetente multicanal:* A largura de banda disponível é dividida em vários canais.

- Protocolos iniciados pelo recetor: O nó recetor inicia o protocolo de resolução de

contenção.

Protocolos baseados em contenção com mecanismos de reserva

• *Protocolos síncronos*: Todos os nós precisam de estar sincronizados. A sincronização de tempo global é difícil de alcançar.

• *Protocolos assíncronos:* Estes protocolos utilizam informação de tempo relativo para efetuar as reservas.

Protocolos baseados em contenção com mecanismos de calendarização

• A programação dos nós é efectuada de modo a que todos os nós sejam tratados de forma justa e nenhum nó fique sem largura de banda.

• Os esquemas baseados em agendamento também são utilizados para impor prioridades entre fluxos cujos pacotes estão em fila de espera nos nós.

• Alguns esquemas de programação também têm em conta as características da bateria.

Outros protocolos são os protocolos MAC que não se enquadram estritamente nas categorias acima.

Outros protocolos MAC

Tal como acontece com os protocolos de encaminhamento ad hoc anteriormente analisados, a nossa discussão sobre as questões relacionadas com o protocolo MAC também está longe de ser exaustiva. Há muitas outras questões a considerar, como a equidade. A equidade tem muitos significados e um deles pode dizer que as estações devem receber a mesma largura de banda. Com a abordagem básica do IEEE 802.11, esta equidade não é fácil de conseguir, uma vez que acabará por ocorrer uma injustiça quando um nó recua muito mais do que outro nó. A solução do MACAW para isso é anexar o valor da janela de contenção (CW) aos pacotes que um nó transmite, de modo que todos os nós que ouvirem essa CW a utilizem em suas transmissões futuras. Uma vez que o CW é uma indicação do nível de congestionamento na vizinhança de um nó recetor específico, o MACAW propõe manter um CW independentemente para cada recetor. Existem ainda outras propostas, como o Distributed Fair Scheduling e o Balanced MAC.

3.2.1 Protocolos baseados em contenção

Os protocolos baseados em contenção não têm qualquer mecanismo de reserva de largura de banda. Todos os nós prontos disputam o canal simultaneamente, e o nó vencedor ganha acesso ao canal. Uma vez que não é garantida largura de banda aos nós, estes protocolos não podem ser utilizados para transmitir tráfego em tempo real, o que exige garantias de QoS do sistema.

MACAW: Um protocolo de acesso aos meios de comunicação para LANs sem fios

O MACA foi proposto devido às deficiências dos protocolos CSMA quando utilizados em redes sem fios. Segue-se uma breve descrição das razões pelas quais os protocolos CSMA falham nas redes sem fios. Seguem-se descrições pormenorizadas do protocolo MACA e do protocolo MACAW.

Protocolo MACA

O protocolo MACA foi proposto como uma alternativa aos protocolos tradicionais de acesso múltiplo com deteção de portadora (CSMA) utilizados em redes com fios. Nos protocolos CSMA, o remetente primeiro detecta o canal em busca do sinal da portadora. Se a portadora estiver presente, ele tenta novamente após um período de tempo aleatório. Caso contrário, ele transmite o pacote. O CSMA detecta o estado do canal apenas no transmissor.

O MACA não utiliza a deteção de portadora para acesso ao canal. Utiliza dois pacotes de sinalização adicionais: o pacote request-to-send (RTS) e o pacote clear-to-send (CTS).

Quando um nó quer transmitir um pacote de dados, ele primeiro transmite um pacote RTS. O nó recetor, ao receber o pacote RTS, se estiver pronto para receber o pacote de dados, transmite um pacote CTS. Quando o remetente recebe o pacote CTS sem qualquer erro, começa a transmitir o pacote de dados. Este mecanismo de transmissão de dados está representado na Figura 3.1. Assim, o problema do terminal exposto também é ultrapassado no MACA. Mas o MACA ainda tem alguns problemas, razão pela qual foi proposto o MACAW, descrito a seguir.

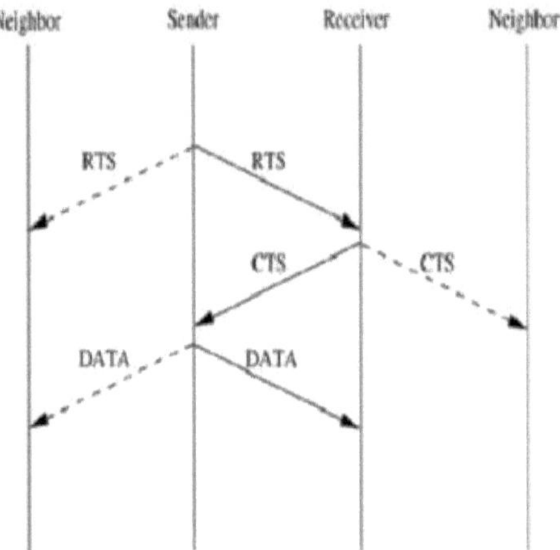

Figura 3.1 Transmissão de pacotes no MACA.

Protocolo MACAW

O mecanismo de back-off exponencial binário utilizado no MACA, por vezes, faz com que os fluxos passem fome. Por exemplo, considere a Figura 3.2. Aqui, ambos os nós S1 e S2 continuam a gerar um grande volume de tráfego. O nó que primeiro captura o canal (digamos, o nó S1) começa a transmitir pacotes. Os pacotes transmitidos pelo outro nó S2 são colididos e o nó continua a incrementar a sua janela de back-off de acordo com o algoritmo BEB. Como resultado, a probabilidade de o nó S2 adquirir o canal continua a diminuir e, ao longo de um período de tempo, fica completamente bloqueado. Para ultrapassar este problema, o algoritmo de back-off foi modificado no MACAW.

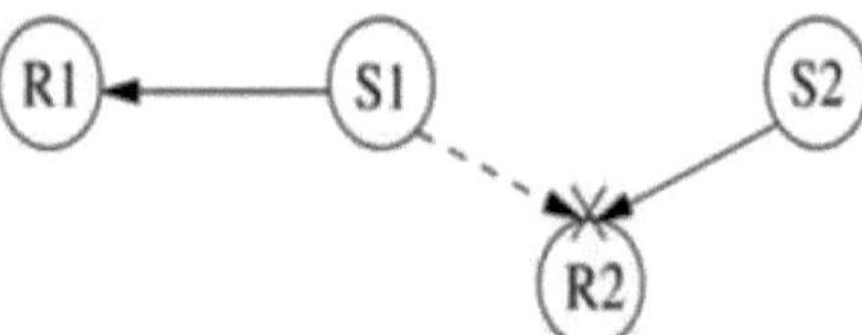

Figura 3.2. Exemplo de topologia.

No MACAW foi efectuada outra modificação relacionada com o mecanismo de back-off. O MACAW implementa a equidade por fluxo, em oposição à equidade por nó do MACA. Isso é feito mantendo várias filas em cada nó, uma para cada fluxo de dados, e executando o algoritmo de backoff independentemente para cada fila. Um nó que esteja pronto para transmitir pacotes começa por determinar quanto tempo precisa de esperar antes de poder transmitir um pacote RTS a cada um dos nós de destino correspondentes aos pacotes mais importantes nas filas do nó. Em seguida, ele seleciona o pacote para o qual o tempo de espera é mínimo.

Figura 3.3. Exemplo de topologia.

O protocolo MACAW utiliza mais um pacote de controlo chamado pacote request-for-request-to-send (RRTS). O exemplo a seguir mostra como esse pacote RRTS se mostra útil. Considere a Figura 3.3. Aqui supõe-se que a transmissão está a decorrer entre os nós S1 e R1. Agora o nó S2 quer transmitir para o nó R2. Mas como R2 é um vizinho de R1, recebe pacotes CTS do nó R1 e, por isso, adia as suas próprias transmissões. O nó S2 não tem forma de saber quais os períodos de contenção durante os quais pode disputar o canal, pelo que continua a tentar, aumentando o seu contador de back-off após cada tentativa falhada. Assim, a principal razão para este problema é a falta de informação de sincronização na fonte S2.

Protocolos de acesso múltiplo de aquisição de piso (FAMA)

Os protocolos de acesso múltiplo de aquisição de piso (FAMA) baseiam-se numa disciplina de acesso ao canal que consiste numa operação de deteção do portador e num diálogo de prevenção de colisões entre o emissor e o recetor pretendido de um pacote. A aquisição de piso refere-se ao processo de obtenção de controlo do canal. Em qualquer momento, o controlo do canal é atribuído a apenas um nó, e este nó tem a garantia de transmitir um ou mais pacotes de dados para destinos diferentes sem sofrer colisões de pacotes. A deteção da portadora pelo remetente, seguida da troca de pacotes de controlo RTS-CTS, permite que o protocolo tenha um desempenho tão eficiente como o MACA na presença de terminais ocultos e tão eficiente como o CSMA nos restantes casos.

Protocolos de acesso múltiplo a tons de ocupado (BTMA)

Tom de ocupado Acesso múltiplo

O protocolo de acesso múltiplo por tom de ocupado (BTMA) é um dos primeiros protocolos propostos para ultrapassar o problema do terminal oculto enfrentado em ambientes sem fios. O canal de transmissão é dividido em dois: um canal de dados e um canal de controlo. O canal de dados é utilizado para a transmissão de pacotes de dados, enquanto o canal de controlo é utilizado para transmitir o sinal de tom de ocupado.

Quando um nó está pronto para transmitir, detecta o canal para verificar se o tom de ocupado está ativo. Se não estiver, liga o sinal de tom de ocupado e inicia a transmissão de dados; caso contrário, reprograma o pacote para transmissão após algum atraso aleatório de reprogramação. Qualquer outro nó que detecte a portadora no canal de dados de entrada também transmite o sinal de tom de ocupado no canal de controlo. Assim, quando um nó está a transmitir, nenhum outro nó na vizinhança de dois saltos do nó transmissor pode transmitir simultaneamente.

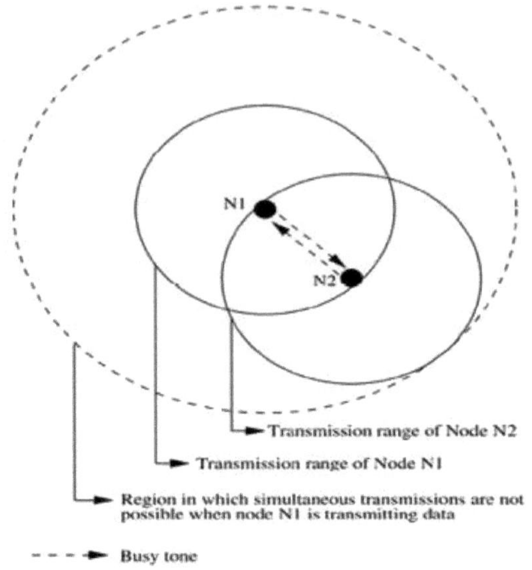

Figura 3.4. Transmissão em BTMA.

Protocolo de acesso múltiplo com tom de ocupado duplo

O protocolo de acesso múltiplo com duplo tom de ocupado (DBTMA) é uma extensão do esquema BTMA. Também neste caso, o canal de transmissão é dividido em dois: o canal de dados e o canal de controlo. Tal como no BTMA, o canal de dados é utilizado para a transmissão de pacotes de dados. O canal de controlo é utilizado para as transmissões de pacotes de controlo (pacotes RTS e CTS) e também para a transmissão dos tons de ocupado. O DBTMA utiliza dois tons de ocupado no canal de controlo, *BTt* e *BTr* . O tom *BTt* é utilizado pelo nó para indicar que está a transmitir no canal de dados. O tom *BTr é ativado* por um nó quando este está a receber dados no canal de dados. Os dois sinais de tom de ocupado são duas ondas sinusoidais com frequências diferentes e bem separadas.

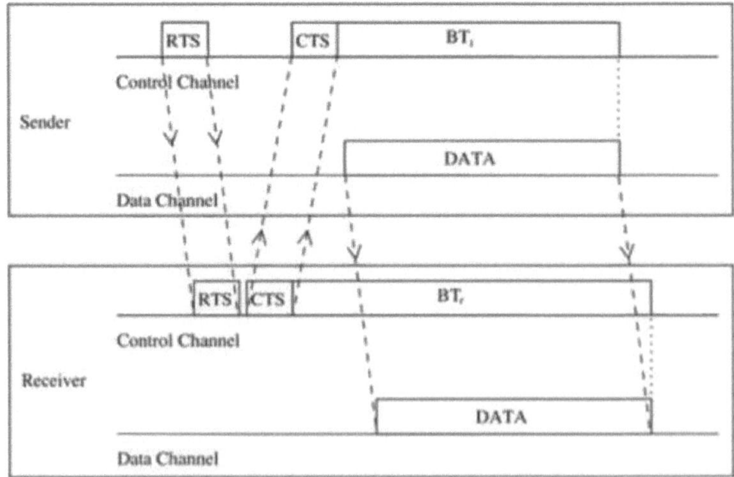

Figura 3.5. Transmissão de pacotes no DBTMA.

40

Quando comparado com outros esquemas de controlo de acesso ao meio baseados em RTS/CTS (como o MACA e o MACAW), o DBTMA apresenta uma melhor utilização da rede. Isto deve-se ao facto de os outros esquemas bloquearem tanto as transmissões para a frente como para trás no canal de dados quando reservam o canal através dos seus pacotes RTS ou CTS. Mas no DBTMA, quando um nó está a transmitir ou a receber, apenas os canais reverso (receção) ou direto (transmissão), respetivamente, são bloqueados. Assim, a utilização da largura de banda do DBTMA é quase o dobro da de outros esquemas baseados em RTS/CTS.

MACA - Por convite

O MACA por convite (MACA-BI) é um protocolo MAC iniciado pelo recetor. Reduz o número de pacotes de controlo utilizados no protocolo MACA. O MACA, que é um protocolo iniciado pelo emissor, utiliza o mecanismo de aperto de mão de três vias, em que primeiro são trocados os pacotes de controlo RTS e CTS, seguidos da transmissão efectiva do pacote de DADOS. O MACA-BI elimina a necessidade do pacote RTS. No MACA-BI, o nó recetor inicia a transmissão de dados transmitindo um pacote de controlo pronto a receber (RTR) ao emissor (Figura 3.6). Se estiver pronto para transmitir, o nó emissor responde enviando um pacote DATA. Assim, a transmissão de dados no MACA-BI ocorre através de um mecanismo de handshake bidirecional.

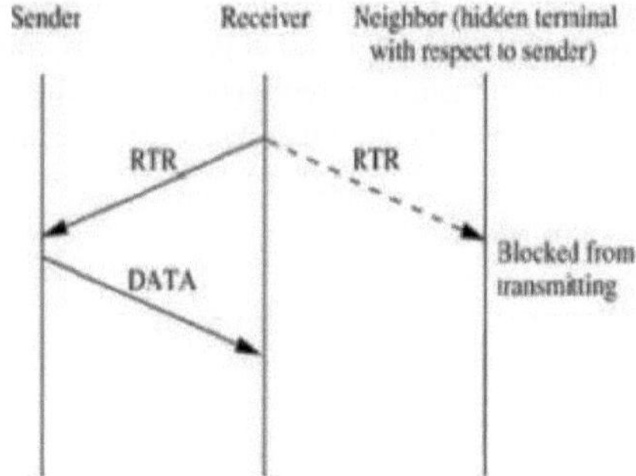

Figura 3.6. Transmissão de pacotes no MACA-BI.

O nó recetor pode não ter um conhecimento exato das taxas de chegada de tráfego nos nós emissores vizinhos. É necessário estimar a taxa média de chegada dos pacotes. Para fornecer as informações necessárias ao nó recetor para esta estimativa, os pacotes DATA são modificados para transportar informações de controlo sobre os fluxos em atraso no nó transmissor, o número de pacotes em fila de espera e o comprimento dos pacotes.

No entanto, o problema do terminal oculto continua a afetar as transmissões de pacotes de controlo. Isto leva a falhas no protocolo, pois em certos casos os pacotes RTR podem colidir com os pacotes DATA. Um desses cenários está representado na Figura 3.7. Aqui, os pacotes RTR transmitidos pelos nós receptores R1 e R2 colidem no nó A. Assim, o nó A não tem conhecimento das transmissões dos nós S1 e S2. Quando o nó A transmite pacotes RTR, estes colidem com pacotes DATA nos nós receptores R1 e R2.

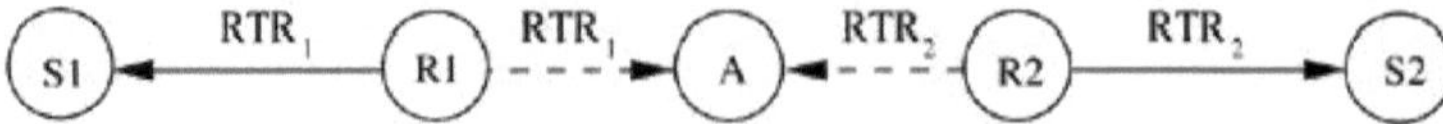

S1, S2 – Sender nodes
R1, R2 – Receiver nodes
A – Neighbor node

S1, S2 - Nós emissores RI. R2 - Nós receptores A - Nó vizinho

Figura 3.7. Problema do terminal oculto no MACA-BI.

A eficiência do esquema MACA-BI depende principalmente da capacidade do nó recetor de prever com exatidão as taxas de chegada do tráfego aos nós emissores.

3.2.2 protocolos baseados em contenção com mecanismos de reserva

Os protocolos descritos nesta secção possuem determinados mecanismos que ajudam os nós a efetuar reservas de largura de banda. Embora estes protocolos sejam baseados em contenção, a contenção ocorre apenas durante a fase de reserva de recursos (largura de banda). Uma vez reservada a largura de banda, o nó obtém acesso exclusivo à largura de banda reservada. Assim, o suporte QoS pode ser fornecido para o tráfego em tempo real.

Protocolo de acesso múltiplo com reserva de pacotes distribuídos

O protocolo de acesso múltiplo com reserva de pacotes distribuído (D-PRMA) alarga o anterior esquema de acesso múltiplo com reserva de pacotes centralizado (PRMA) para um esquema distribuído que pode ser utilizado em redes sem fios ad hoc. O PRMA foi proposto para suporte de voz numa LAN sem fios com uma estação de base, em que a estação de base serve de entidade fixa para a operação MAC. O D- PRMA alarga este protocolo para fornecer suporte de voz em redes sem fios ad hoc.

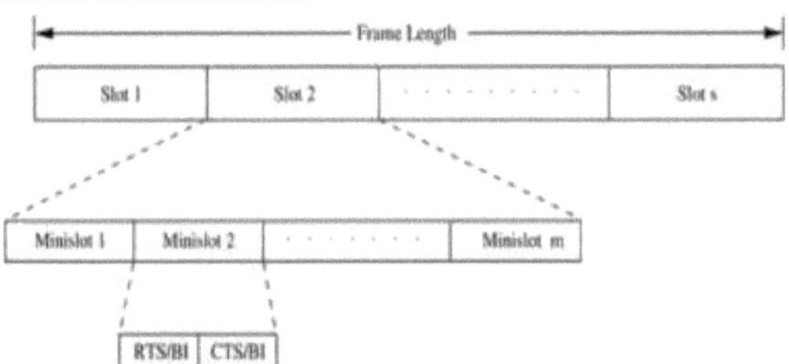

Figura 3.8. Estrutura do quadro em D-PRMA.

Para dar prioridade aos nós que transmitem tráfego de voz (nós de voz) em relação aos nós que transmitem tráfego normal de dados (nós de dados), são seguidas duas regras no D-PRMA. De acordo com a primeira regra, os nós de voz podem começar a contender a partir do minislot 1 com probabilidade $p = 1$; os nós de dados só podem começar a contender com probabilidade $p < 1$. Para os restantes (m - 1) minislots, tanto os nós de voz como os nós de dados podem contender com probabilidade $p < 1$. Isto deve-se ao facto de o processo de reserva de um nó de voz só ser desencadeado após a chegada do tráfego de voz ao nó, o que evita a reserva desnecessária de faixas horárias.

Protocolo de atribuição de tempo para prevenção de colisões

O protocolo de atribuição de tempo para evitar colisões (CATA) baseia-se numa programação de transmissão dinâmica dependente da topologia. Os nós disputam e reservam faixas horárias por meio de um mecanismo distribuído de reserva e aperto de mão. O CATA suporta transmissões de difusão, unicast e multicast em simultâneo. O funcionamento do CATA baseia-se em dois princípios básicos:

• O(s) recetor(es) de um fluxo deve(m) informar os potenciais nós de origem sobre a faixa horária reservada na qual está atualmente a receber pacotes. Do mesmo modo, o nó de origem deve informar o(s) potencial(is) nó(s) de destino sobre as interferências na faixa horária.

• Utilização de reconhecimentos negativos para pedidos de reserva e transmissões de pacotes de controlo no início de cada faixa horária, para distribuir informações sobre a reserva de faixas horárias aos remetentes de sessões de difusão ou multicast.

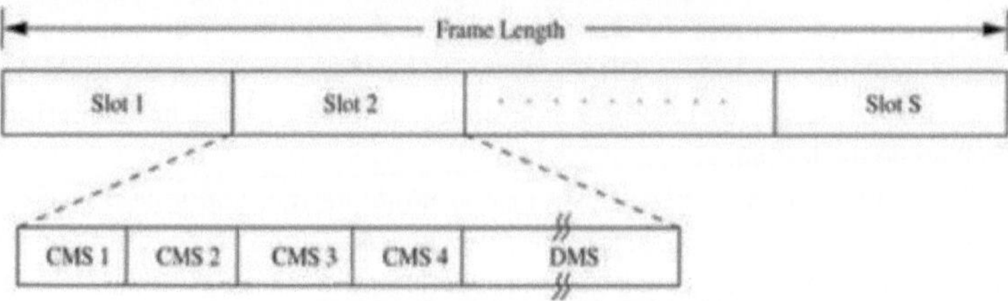

Figura 3.9. Formato dos fotogramas em CATA.

Cada nó que recebe dados durante o DMS da faixa horária atual transmite um pacote de reserva de faixa horária (SR) durante o CMS1 da faixa horária. Isto serve para informar outros nós vizinhos potenciais emissores sobre a reserva atualmente ativa. O pacote SR ou é recebido sem erro nos nós vizinhos ou provoca ruído nesses nós, em ambos os casos impedindo que esses nós vizinhos tentem reservar a faixa horária atual.

Protocolo de reserva de cinco fases (FPRP)

O protocolo de reserva de cinco fases (FPRP) é um protocolo de programação de difusão baseado num canal único de acesso múltiplo por divisão do tempo (TDMA). Os nós utilizam um mecanismo de contenção para adquirir faixas horárias. O protocolo é totalmente distribuído, ou seja, podem ser efectuadas simultaneamente várias reservas em toda a rede.

O tempo é dividido em fotogramas. Existem dois tipos de fotogramas: fotograma de reserva (RF) e fotograma de informação (IF). Cada RF é seguido por uma sequência de IFs. Cada RF tem N slots de reserva (RS), e cada IF tem N slots de informação (IS). Para reservar um IS, um nó precisa de contender durante o RS correspondente. Com base nestas contenções, é gerada uma programação TDMA no RF e é utilizada nos IF subsequentes até ao próximo RF. A estrutura dos quadros é mostrada na Figura 3.10. Cada RS é composto por M ciclos de reserva (RC).

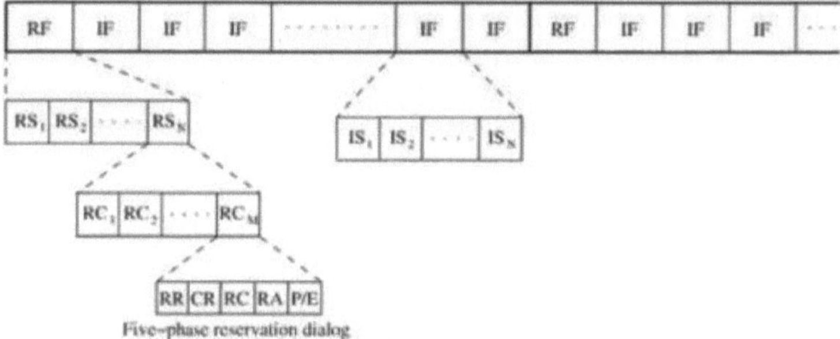

Figura 3.10. Estrutura do quadro no FPRP.

O protocolo pressupõe a disponibilidade da hora global em todos os nós. Por conseguinte, cada nó sabe quando é que um ciclo de cinco fases terá início. As cinco fases do processo de reserva são as seguintes:

1. Fase de pedido de reserva: Os nós que precisam de transmitir pacotes enviam pacotes de pedido de reserva (RR) aos seus nós de destino.

2. Fase de relatório de colisão: Se uma colisão for detectada por qualquer nó durante a fase de pedido de reserva, esse nó emite um pacote de relatório de colisão (CR). Os nós de origem correspondentes, ao receberem o pacote CR, tomam as medidas necessárias.

3. Fase de confirmação da reserva: Diz-se que um nó fonte ganhou a contenção por um slot se não receber nenhuma mensagem CR na fase anterior. Para confirmar o pedido de reserva efectuado na fase de pedido de reserva, envia nesta fase uma mensagem de confirmação de reserva (RC) ao nó de destino.

4. Fase de confirmação da reserva: Nesta fase, o nó de destino confirma a receção do RC enviando uma mensagem de confirmação de reserva (RA) para a fonte. Os nós ocultos que recebem esta mensagem adiam as suas transmissões durante o slot reservado.

5. Fase de empacotamento e eliminação (P/E): Dois tipos de pacotes são transmitidos durante esta fase: pacote de empacotamento e pacote de eliminação. Os pormenores relativos à utilização destes pacotes serão descritos mais adiante nesta secção.

Cada uma das cinco fases acima referidas é descrita de seguida.

Fase de pedido de reserva:

Nesta fase, cada nó que precisa de transmitir pacotes envia um pacote RR para o nó de destino pretendido com uma probabilidade de contenção *p, de* modo a reservar um IS. Esses nós que enviam pacotes RR são chamados de nós solicitantes (RN). Os outros nós mantêm-se à escuta durante esta fase.

Fase de relatório de colisão:

Se algum dos nós em escuta detecta a colisão de pacotes RR transmitidos na fase anterior, emite um pacote de relatório de colisão (CR). Ao ouvir os pacotes CR nesta fase, um RN fica a saber da colisão do pacote RR que enviou. Se nenhum CR for ouvido pelo RN nesta fase, então ele assume que o pacote RR não colidiu na sua vizinhança. Ele então se torna um nó transmissor (TN).

Fase de confirmação da reserva:

Um RN que não tenha recebido nenhum pacote CR na fase anterior, ou seja, um TN, envia um pacote RC para o nó de destino. Cada nó vizinho que recebe este pacote entende que o slot foi reservado e adia a sua transmissão durante os slots de informação correspondentes nos frames de informação subsequentes até ao próximo frame de reserva.

Fase de confirmação da reserva:

Ao receber o pacote RC, o nó recetor pretendido responde enviando um pacote RA de volta ao TN. Este pacote é utilizado para informar o TN de que a reserva foi estabelecida. Se o TN estiver isolado e não estiver ligado a nenhum outro nó da rede, não receberá o pacote RA, pelo que se aperceberá de que está isolado.

Fase de embalagem/eliminação (P/E):

Nesta fase, um pacote de empacotamento (PP) é enviado por cada nó que se encontra a menos de dois saltos de um TN, e que tenha efectuado uma reserva desde a fase P/E anterior. Um nó que receba um PP compreende que houve um sucesso recente na reserva de um slot a três hops de distância dele e que, por isso, alguns dos seus vizinhos terão sido bloqueados durante esse slot.

3.2.3 Protocolos MAC baseados em contenção com mecanismos de escalonamento

Os protocolos que se inserem nesta categoria centram-se na programação de pacotes nos nós e na programação da transmissão dos nós. As decisões de escalonamento podem ter em consideração vários factores, como os objectivos de atraso dos pacotes, a frouxidão dos pacotes, a carga de tráfego nos nós e a energia restante da bateria nos nós. Nesta secção, são descritos alguns dos protocolos MAC baseados no agendamento.

Escalonamento distribuído de prioridades e acesso ao meio em redes Ad Hoc

Este trabalho apresenta dois mecanismos para fornecer suporte de qualidade de serviço (QoS) para conexões em redes ad hoc sem fio. A primeira técnica, designada por escalonamento de prioridades distribuídas (DPS), utiliza a etiqueta de prioridade dos pacotes de controlo e de dados de um nó. Ao obter informações de tais pacotes transmitidos na sua vizinhança, um nó constrói uma tabela de agendamento a partir da qual determina a sua classificação (informação relativa à sua posição de acordo com a prioridade do pacote a transmitir a seguir) em comparação com outros nós na sua vizinhança.

Programação distribuída de prioridades

O esquema de escalonamento de prioridades distribuídas (DPS) é baseado na função de coordenação distribuída do IEEE 802.11. O DPS utiliza o mesmo mecanismo básico de troca de pacotes RTS-CTS-DATA-ACK. O pacote RTS transmitido por um nó pronto contém a etiqueta de prioridade/índice de prioridade para o pacote de DADOS atual a ser transmitido. A etiqueta de prioridade pode ser o objetivo de atraso para o pacote de DADOS. Ao receber o pacote RTS, o nó recetor pretendido responde com um pacote CTS. O nó recetor copia a etiqueta de prioridade do pacote RTS recebido e a coloca junto com a identificação do nó de origem, no pacote CTS. Os nós vizinhos que recebem os pacotes RTS ou CTS (incluindo os nós ocultos) recuperam a informação da etiqueta de prioridade "piggy-backed" e fazem uma entrada correspondente para o pacote a ser transmitido, nas suas tabelas de programação (STs). Cada nó mantém uma ST que contém informações sobre os pacotes, que foram originalmente "piggy-backed" nos pacotes de controlo e de dados.

Protocolo de encomenda distribuída sem fios

O protocolo de ordenação distribuída sem fios (DWOP) consiste num esquema de acesso aos meios juntamente com um mecanismo de programação. Baseia-se no esquema de escalonamento de prioridades distribuídas. O DWOP garante que os pacotes acedem ao meio de acordo com a ordem especificada por um programador de referência ideal, como o primeiro a entrar, primeiro a sair (FIFO), o relógio virtual ou o primeiro a terminar. Nesta discussão, o FIFO é escolhido como o escalonador de referência. No FIFO, os índices de prioridade dos pacotes são definidos de acordo com os tempos de chegada dos pacotes. À semelhança do DPS, os pacotes de controlo são utilizados no DWOP para obter informações sobre a prioridade dos pacotes dos nós que se encontram na cabeça da fila. Uma vez que a programação FIFO direccionada transmitiria os pacotes por ordem das horas de chegada, cada nó constrói uma tabela de programação (ST) ordenada de acordo com as horas de chegada ouvidas. O conceito-chave do DWOP é que um nó só é elegível para disputar o canal se o seu pacote em fila de espera local tiver um tempo de chegada menor do que todos os outros tempos de chegada na sua ST (todos os outros pacotes em fila de espera nos seus nós vizinhos), ou seja, só se o nó descobrir que detém o próximo pacote regional na programação FIFO hipotética.

3.3 Protocolos MAC para redes de sensores

Os protocolos MAC em redes de sensores têm de criar uma infraestrutura de rede para estabelecer ligações de comunicação entre os milhares de sensores dispersos aleatoriamente. Devem também garantir uma partilha justa e eficiente dos recursos de comunicação entre os nós, para que o tempo de vida global da rede possa ser maximizado. Os desafios colocados pelos protocolos MAC das redes de sensores tornam-nas distintas de outras redes sem fios.

Existem três tipos básicos de protocolos MAC utilizados em redes de sensores: de atribuição fixa, baseados na procura e baseados na contenção. Os protocolos MAC de atribuição fixa partilham o meio comum através de uma atribuição pré-determinada. São adequados para redes de sensores que monitorizam continuamente e geram tráfego de dados determinístico, uma vez que todos os nós a quem foi atribuído o canal podem utilizar a sua faixa horária em cada ronda. Nestes casos, são utilizados protocolos MAC baseados na procura, em que o canal é atribuído de acordo com a procura do nó. Embora exijam a sobrecarga adicional de um processo de reserva, o tráfego de taxa variável pode ser transmitido de forma eficiente utilizando protocolos MAC baseados na procura. Finalmente, os protocolos MAC baseados na contenção

Os protocolos MAC envolvem uma contenção baseada no acesso aleatório ao canal quando os pacotes têm de ser transmitidos. Mais uma vez, são adequados para o tráfego de rajada, mas existe a possibilidade de colisões e não podem ser dadas garantias de atraso.

3.3.1 MAC auto-organizável para redes de sensores e intercetação e registo

O MAC auto-organizado para redes de sensores (SMACS) e o eavesdrop and register (EAR) são dois protocolos que tratam da inicialização da rede e do apoio à mobilidade, respetivamente. O SMACS é um protocolo distribuído para inicialização da rede e organização da camada de enlace. Neste protocolo, a descoberta de vizinhos e a atribuição de canais ocorrem simultaneamente de uma forma completamente distribuída. Uma ligação de comunicação entre dois nós é constituída por um par de intervalos de tempo, com uma frequência fixa, que é escolhida aleatoriamente no momento do estabelecimento da ligação.

O protocolo EAR permite a ligação contínua de nós em condições móveis e estacionárias. Este protocolo utiliza determinados nós móveis, para além dos nós sensores estacionários existentes, para oferecer serviços de manutenção de ligações.

3.3.2 TDMA/FDMA híbrido

Este é um esquema controlado centralmente que assume que os nós comunicam diretamente com uma BS próxima. Um esquema TDMA puro minimiza o tempo durante o qual um nó tem de ser mantido ligado, mas os custos de sincronização temporal associados são muito elevados. Um esquema FDMA puro atribui a largura de banda mínima necessária para cada ligação. Se o transmissor consumir mais energia, é preferível um esquema TDMA, uma vez que pode ser desligado em slots inactivos para poupar energia. Por outro lado, o esquema favorece o FDMA quando o recetor consome mais energia. Isso ocorre porque, no FDMA, o recetor não precisa gastar energia para sincronização de tempo ao receber durante a banda de guarda entre os slots, o que se torna essencial em um esquema TDMA.

3.3.3. Protocolos MAC baseados em CSMA

Os esquemas tradicionais baseados em CSMA são mais adequados para fluxos de tráfego ponto-a-ponto estocasticamente distribuídos. Por outro lado, as redes de sensores têm um tráfego variável, mas periódico e correlacionado. É também utilizado um controlo adaptativo da taxa de transmissão (ARC), que equilibra o tráfego de origem e de passagem nos nós. Isso garante que os nós mais próximos da BS não sejam favorecidos em relação aos nós mais distantes. O ARC utiliza um aumento linear e uma diminuição multiplicativa do tráfego de origem num nó. A penalização pelo abandono do tráfego de passagem é maior, uma vez que a energia já foi investida para fazer com que os pacotes cheguem até esse nó. Assim, os protocolos MAC baseados em CSMA são baseados em contenção e foram concebidos principalmente para aumentar a eficiência energética e manter a equidade.

3.4 Localização Descoberta

A informação sobre a localização dos sensores deve ser tida em conta durante a agregação dos dados recolhidos. Isto implica que cada nó deve saber a sua localização e associar a sua informação de localização aos dados nas mensagens que envia. É necessário um mecanismo de baixo consumo de energia, económico e razoavelmente preciso para a descoberta da localização. Um sistema de posicionamento global (GPS) nem sempre é viável porque não consegue alcançar nós em folhagens densas ou em ambientes fechados. Além disso, consome muita energia e torna os nós sensores mais volumosos. Descrevem-se de seguida dois mecanismos básicos de localização.

Localização em interiores

As técnicas de localização em interiores utilizam uma infraestrutura fixa para estimar a localização dos nós sensores. Os nós de baliza fixos são estrategicamente colocados no campo de observação, normalmente no interior de um edifício. Os sensores distribuídos aleatoriamente recebem sinais de balizas dos nós de balizas e medem a intensidade do sinal, o ângulo de chegada e a diferença de tempo entre a chegada de diferentes sinais de balizas.

Localização de redes de sensores

Em situações em que não existe uma infraestrutura fixa disponível e não são possíveis medições prévias, alguns dos nós sensores actuam eles próprios como sinalizadores. Eles têm a sua informação de localização, utilizando o GPS, e enviam sinalizadores periódicos para outros nós. No caso da comunicação que utiliza sinais RF, o indicador da intensidade do sinal recebido (RSSI) pode ser utilizado para estimar a distância, mas este indicador é muito sensível aos obstáculos e às condições ambientais.

Os algoritmos de localização requerem técnicas para estimar a localização em função da localização dos nós de baliza. Estas técnicas são designadas por técnicas de multilateração (ML).

Algumas técnicas simples de ML são descritas a seguir

ML atómico: Se um nó receber três beacons, pode determinar a sua posição através de um mecanismo semelhante ao GPS. Isto é ilustrado na Figura 1.

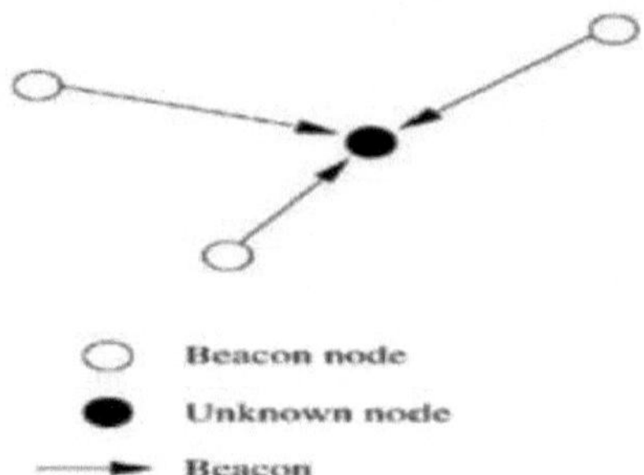

Figura 3.1. Multi-lateração atómica.

- **ML iterativo**: Alguns nós podem não estar ao alcance direto de três sinalizadores. Quando um nó estima a sua localização, envia um sinalizador, o que permite que alguns outros nós recebam agora pelo menos três sinalizadores. Iterativamente, todos os nós da rede podem estimar a sua localização.

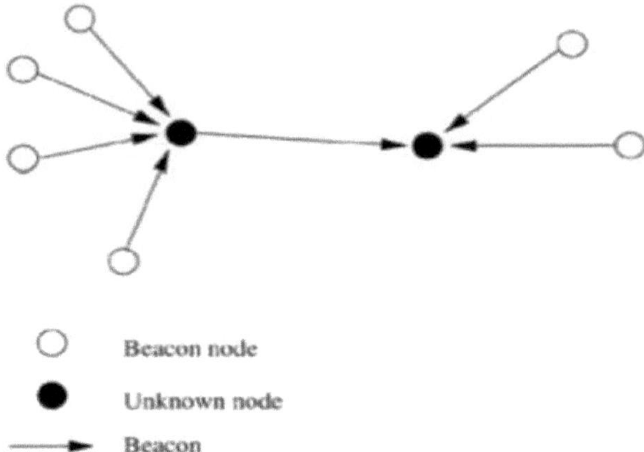

ML colaborativo: Quando dois ou mais nós não podem receber pelo menos três beacons cada um, colaboram entre si. Como mostra a figura, o nó A e o nó B têm três vizinhos cada. Dos seis nós participantes, quatro são beacons, cujas posições são conhecidas. Assim, resolvendo um conjunto de equações quadráticas simultâneas, as posições de A e B podem ser determinadas.

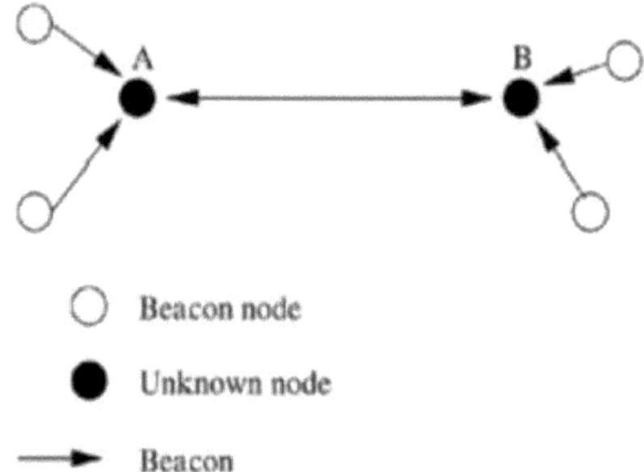

Foi proposta uma abordagem de localização baseada na direccionalidade, que pressupõe que os nós de balizas têm capacidade de transmissão para alcançar todos os nós da rede e que um controlador central roda as balizas com uma velocidade angular constante de w radianos/s.
É utilizada uma técnica matemática denominada escalonamento multidimensional (MDS), um algoritmo $O(n3)$ (em que n é o número de sensores), para atribuir localizações aos nós de modo a que as restrições de distância sejam satisfeitas. A imagem obtida da rede pode ser uma versão rodada ou invertida da rede real. Se as posições reais de quaisquer três nós da rede forem conhecidas, então toda a rede pode ser normalizada (rodada ou invertida) para obter uma localização muito precisa de todos os outros nós.

3.5 Qualidade de uma rede de sensores

O objetivo de uma rede de sensores é monitorizar e comunicar eventos ou fenómenos que ocorrem numa determinada área. Assim, os principais parâmetros que definem o grau de observação de uma determinada área pela rede são a "cobertura" e a "exposição".

3.5.1 Cobertura

A cobertura é uma medida da capacidade da rede para observar ou cobrir um evento. A cobertura depende do alcance e da sensibilidade dos nós sensores, bem como da localização e da densidade dos nós sensores numa determinada região. O *pior caso de* cobertura define as áreas de violação, ou seja, onde a cobertura é mais fraca. Isto pode ser utilizado para determinar se é necessário instalar sensores adicionais para melhorar a rede. O *melhor caso de cobertura, por* outro lado, define as áreas de melhor cobertura. Um caminho ao longo das áreas de melhor cobertura é chamado de caminho de suporte máximo ou caminho de exposição máxima.

Uma técnica matemática para resolver o problema da cobertura é o diagrama de Voronoi. Pode provar-se que o caminho PB será composto por segmentos de reta que pertencem ao diagrama de Voronoi correspondente ao grafo do sensor. Em duas dimensões, o diagrama de Voronoi de um conjunto de locais é uma partição do plano num conjunto de polígonos convexos, de tal forma que todos os pontos dentro de um polígono estão mais próximos do local delimitado pelo polígono e os polígonos têm arestas equidistantes dos locais próximos. A Figura 3.2 apresenta um diagrama de Voronoi para uma rede de sensores e um trajeto de violação de I a F.

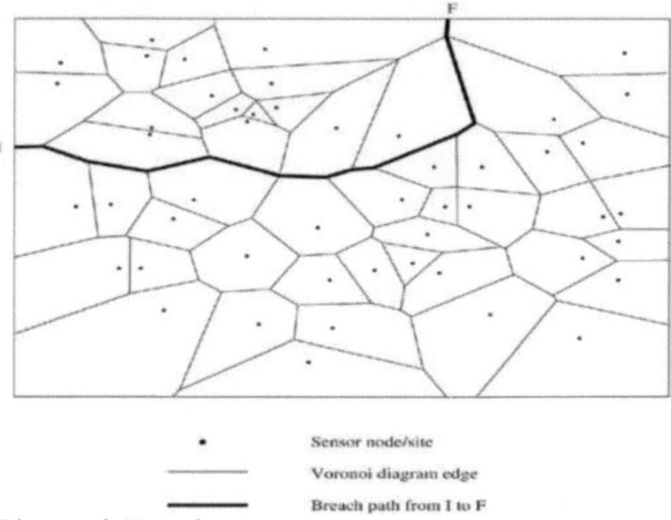

Figura 3.2. Diagrama de Voronoi

O algoritmo para encontrar o caminho de rutura PB é:

• Gerar o diagrama de Voronoi, com o conjunto de vértices V e o conjunto de arestas E. Para isso, desenhar as bissectrizes perpendiculares de cada segmento de reta que une dois locais e utilizar os seus pontos de intersecção como vértices dos polígonos convexos.

• Crie um grafo ponderado com vértices de V e arestas de E, de modo a que o peso de cada aresta no grafo seja a distância mínima de todos os sensores em *S*. Os pesos das arestas representam a distância do sensor mais próximo. Os pesos mais pequenos das arestas implicam uma melhor cobertura ao longo da aresta.

• Determine o caminho de custo máximo de *I* a *F*, utilizando a pesquisa em largura primeiro. O custo máximo implica a menor cobertura. Assim, o caminho de violação necessário é ao longo deste caminho de custo máximo determinado a partir do diagrama de Voronoi. O caminho de violação mostra a região de máxima vulnerabilidade numa rede de sensores, onde a cobertura fornecida pelos sensores é a mais fraca.

Um problema relacionado é o de encontrar a melhor cobertura possível. O problema é formalmente enunciado como sendo o de encontrar o caminho que oferece a cobertura máxima, ou seja, o caminho de apoio máximo *PS* em *S*, de *I* a *F*. A solução é obtida por uma técnica matemática chamada triangulação de Delaunay, mostrada na Figura 3.3. Esta é obtida a partir do diagrama de Voronoi, ligando os sítios cujos polígonos partilham uma aresta comum. O melhor caminho *PS* será um conjunto de segmentos de reta da triangulação de Delaunay, ligando alguns dos nós sensores. O algoritmo é novamente semelhante ao utilizado para encontrar o caminho de violação máxima, substituindo o diagrama de Voronoi pela triangulação de Delaunay e definindo os custos das arestas proporcionais aos comprimentos dos segmentos de reta. O caminho de apoio máximo é, portanto, formado por um conjunto de segmentos de reta que ligam alguns dos nós sensores.

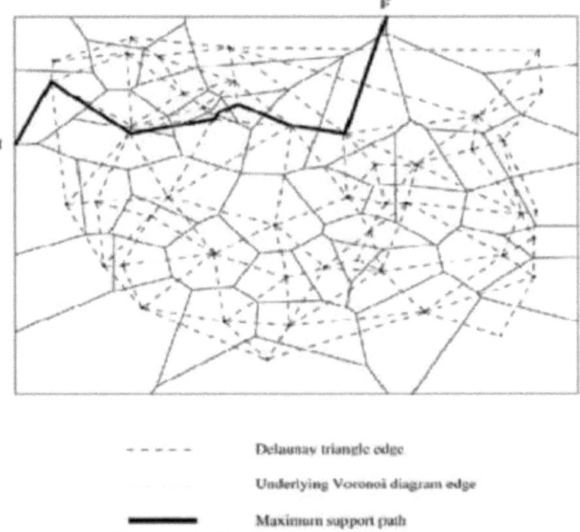

Figura 3.3. Triangulação de Delaunay.

3.5.2 Exposição

A exposição é definida como a capacidade esperada de observar um alvo no campo do sensor. É formalmente definida como o integral da função de deteção num caminho desde o nó de origem *Ps* até ao nó de destino *Pd* . O poder de deteção de um nó *s* num ponto *p* é normalmente modelado como

$$S(s,p) = \frac{\lambda}{[d(s,p)]^K}$$

onde 1 e k são constantes, e $d(s, p)$ é a distância de p a s. Considere-se uma rede com sensores $s1$,$s2$, ..., sn . A intensidade total no ponto p, designada por intensidade de campo de todos os sensores, é dada por

$$I_A(F,p) = \sum_{i=1}^{n} S(s_i, p)$$

A intensidade do campo do sensor mais próximo em p é

$$I_C(F,p) = S(s_{min}, p)$$

em que *smin* é o sensor mais próximo de p.

3.6 Outras questões

Algumas questões que estão recentemente a ser exploradas nas redes de sensores, como hardware e arquitetura eficientes em termos energéticos, comunicação em tempo real em redes de sensores, protocolos da camada de transporte e questões de segurança. Uma vez que estas questões se encontram, na sua maioria, em fase de investigação, há muitas melhorias a fazer nestas frentes.

3.6.1 Conceção eficiente do ponto de vista energético

Como foi enfatizado ao longo do capítulo, os nós sensores têm uma restrição de energia muito rigorosa. A otimização da energia em redes de sensores deve prolongar a vida de um único nó, bem como de toda a rede. A computação pode ser efectuada de uma forma consciente da energia, utilizando a gestão dinâmica da energia (DPM). Uma das técnicas básicas de DPM consiste em desligar vários componentes do nó sensor quando não se registam eventos. O processador tem uma carga computacional variável no tempo, pelo que a tensão que lhe é fornecida pode ser dimensionada para satisfazer apenas os requisitos de processamento instantâneos. A isto chama-se escalonamento dinâmico da tensão (DVS).

3.6.2 Sincronização

A sincronização entre nós é essencial para suportar esquemas TDMA em redes sem fios multihop. Além disso, a sincronização temporal é útil para determinar a ordem temporal das mensagens enviadas pelos sensores e a proximidade dos sensores. Normalmente, os nós sensores são lançados no ambiente a partir do qual os dados têm de ser recolhidos e as suas posições exactas não são fixadas antes da implantação.

Os protocolos de sincronização envolvem normalmente medições do atraso dos pacotes de controlo. Os atrasos registados durante a transmissão de um pacote podem ser divididos em quatro componentes principais: tempo de envio, tempo de acesso, tempo de propagação e tempo de receção. O tempo de envio é o tempo gasto no remetente para construir a mensagem.

A ressincronização é o processo de sincronização de diferentes partições da rede, que estão independentemente sincronizadas com relógios diferentes, para um relógio comum. Em redes dinâmicas, como as redes de sensores, as mudanças frequentes na topologia tornam a ressincronização uma questão importante. A ressincronização ocorre em situações como a fusão de duas partições devido à mobilidade, em que todos os relógios de uma partição podem precisar ser atualizados para corresponder ao líder da outra partição, como mostrado na Figura 3.4.

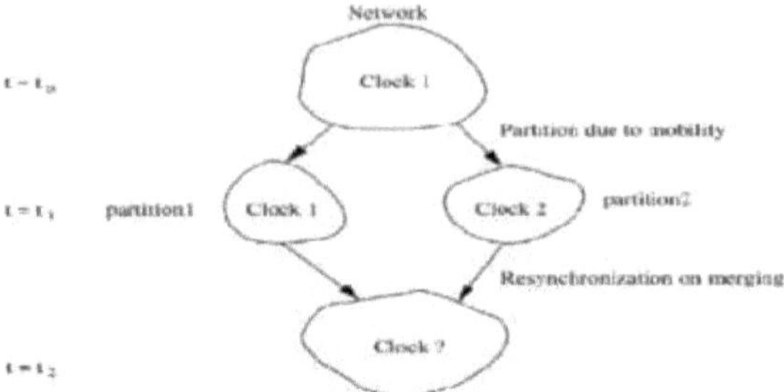

Figura 3.4. Ressincronização.

3.6.3 Questões relativas à camada de transporte

O principal problema dos protocolos da camada de transporte para as redes de sensores é o fornecimento de dados fiáveis. Este aspeto assume especial importância na conceção de redes de sensores de uso geral, em que grupos de nós podem ter de ser reconfigurados ou reprogramados para se adaptarem a uma aplicação em evolução. Isto pode exigir a disseminação de um segmento de código para alguns nós, em que a perda de uma única linha de código tornaria a operação de reatribuição um fracasso. O PSFQ consiste em três funções: retransmissão de mensagens (pump), recuperação de erros (fetch) e comunicação selectiva do estado (report). A operação "pump" dissemina os dados para todos os nós de destino, efectua o controlo do fluxo e localiza as perdas, assegurando o armazenamento em cache nos nós intermédios. Assim, os erros numa ligação são rectificados localmente sem os propagar por todo o caminho. Quando um recetor detecta lacunas nos números de sequência recebidos, é indicada uma perda e ele entra em modo de busca. Ele solicita uma retransmissão dos nós vizinhos. É feita uma tentativa de agregar as perdas, ou seja, muitas perdas de mensagens são agrupadas numa única operação de busca, o que é especialmente adequado para perdas intermitentes.

3.6.4 Segurança

As redes de sensores, baseadas num meio sem fios inerentemente de difusão, são vulneráveis a uma série de ataques. A segurança é de primordial importância nas redes de sensores porque os nós assumem uma grande confiança entre si durante a agregação de dados e a deteção de eventos. De um conjunto de nós sensores numa determinada localidade, apenas uma mensagem final agregada pode ser enviada para a BS, pelo que é necessário garantir que as ligações de comunicação são seguras para a troca de dados.

3.6.5 Comunicação em tempo real

O apoio à comunicação em tempo real é muitas vezes essencial nas redes de sensores utilizadas para vigilância ou em sistemas críticos de segurança. O atraso na comunicação entre a deteção de uma intrusão e a tomada de medidas adequadas afecta grandemente a qualidade do seguimento fornecido por um sistema de vigilância. Dois protocolos que suportam a comunicação em tempo real em redes de sensores - SPEED e RAP - são discutidos nesta secção.

VELOCIDADE

O SPEED é um algoritmo localizado que fornece unicast em tempo real, area-multicast em tempo real (multicast para todos os nós de uma determinada região) e suporte anycast em tempo real para transmissão de pacotes. O SPEED tem um overhead mínimo, pois não requer tabelas de roteamento. É compatível com a camada MAC de melhor esforço, não exigindo qualquer suporte MAC especial. Ele também distribui o tráfego e a carga igualmente pela rede usando encaminhamento não-determinístico.

RAP

O RAP fornece APIs para as aplicações endereçarem as suas consultas. Um programa da camada de aplicação na BS pode especificar o tipo de informação de evento requerida, a área à qual a consulta é dirigida e o prazo dentro do qual a informação é requerida. As camadas subjacentes do RAP garantem que a consulta é enviada a todos os nós na área especificada e os resultados são enviados de volta à BS. A pilha de protocolos do RAP é constituída pelo protocolo de localização endereçada (LAP) na camada de transporte, pelo escalonamento monotónico da velocidade (VMS) como protocolo de encaminhamento geográfico e por um esquema MAC baseado na contenção que suporta a atribuição de prioridades.

MAC auto-organizável para redes de sensores (S-MAC)

O S-MAC é um protocolo de controlo do acesso ao meio (MAC) concebido para redes de sensores sem fios. As redes de sensores sem fios utilizam dispositivos de computação e de deteção operados por bateria. Uma rede destes dispositivos irá colaborar numa aplicação comum, como a monitorização ambiental. Espera-se que as redes de sensores sejam implantadas de forma ad hoc, com nós individuais que permanecem em grande parte inactivos durante longos períodos de tempo, mas que se tornam subitamente activos quando algo é detectado. Estas características das redes de sensores e das aplicações motivam um MAC que é diferente dos MACs sem fios tradicionais, como o IEEE 802.11, em quase todos os aspectos: a conservação de energia e a auto-configuração são objectivos primordiais, enquanto a equidade por nó e a latência são menos importantes.

O S-MAC utiliza três novas técnicas para reduzir o consumo de energia e suportar a auto-configuração. Para reduzir o consumo de energia na escuta de um canal inativo, os nós dormem periodicamente. Os nós vizinhos formam *clusters virtuais* para se auto-sincronizarem nos horários de sono. Inspirado no PAMAS, o S-MAC também põe o rádio a dormir durante as transmissões de outros nós. Ao contrário do PAMAS, ele usa apenas sinalização no canal. Finalmente, o S-MAC aplica a *passagem de mensagens* para reduzir a latência de contenção para aplicações de redes de sensores que requerem processamento de armazenamento e encaminhamento à medida que os dados se movem pela rede. Avaliamos nossa implementação do S-MAC em um nó sensor de amostra, o Mote, desenvolvido na Universidade da Califórnia, Berkeley. Os resultados da experiência mostram que, num nó de origem, um MAC do tipo 802.11 consome 2--6 vezes mais energia do que o S-MAC para carga de tráfego com mensagens enviadas a cada 1-10s.

IEEE 802.15.4:

norma IEEE 802.15.4 foi desenvolvida para fornecer uma estrutura e os níveis inferiores para redes de baixo custo e baixa potência. Fornece apenas as camadas MAC e PHY, deixando as camadas superiores para serem desenvolvidas de acordo com as necessidades do mercado.

Agora, com tecnologias como o Zigbee a serem utilizadas em grande escala, a utilização da tecnologia IEEE 802.15.4 está a aumentar e está a tornar-se uma norma importante. No entanto, com o marketing generalizado do Zigbee e de outras normas, o IEEE 802.15.4 é menos conhecido.

Noções básicas do IEEE 802.15.4

A norma IEEE 802.15.4 tem por objetivo fornecer as camadas de rede inferiores essenciais para uma rede pessoal sem fios (WPAN). Os principais requisitos são a comunicação ubíqua entre dispositivos a baixo custo e a baixa velocidade. Não pretende competir com os sistemas orientados para o utilizador final mais utilizados, como o IEEE 802.11, em que os custos não são tão críticos e são exigidas velocidades mais elevadas. Em vez disso, o IEEE 802.15.4 permite a comunicação a muito baixo custo de dispositivos próximos com pouca ou nenhuma infraestrutura subjacente.

Norma IEEE 802.15.4

A norma IEEE 802.15.4 foi objeto de várias versões. Além disso, existem várias variantes da norma IEEE 802.15.4 para atender a diferentes formas de camada física, etc. Estas estão resumidas no quadro seguinte.

IEEE 802.15.4 VERSÃO	PORMENORES E OBSERVAÇÕES
IEEE 802.15.4 - 2003	Esta foi a versão inicial da norma IEEE 802.15.4. Ela previa dois PHYs diferentes - um para as bandas de frequência mais baixas, de 868 e 915 MHz, e outro para 2,4 GHz.
IEEE 802.15.4 - 2006	Esta versão de 2006 da norma IEEE 802.15.4 proporcionou um aumento da taxa de dados alcançável nas bandas de frequência mais baixas. Esta versão da norma actualizou o PHY para 868 e 915 MHz. Também definiu quatro novos esquemas de modulação que poderiam ser usados - três para as bandas de frequência mais baixas e um para 2,4 GHz.
IEEE 802.15.4a	Esta versão da norma IEEE 802.15.4 definiu dois novos PHYs. Uma utilizava a tecnologia UWB e a outra previa a utilização do espetro de propagação chirp a 2,4 GHz.
IEEE 802.15.4c	Actualizações para 2,4 GHz, 868 MHz e 915 MHz, UWB e a banda China 779-787 MHz.
IEEE 802.15.4d	2,4 GHz, 868 MHz, 915 MHz e banda japonesa 950 - 956 MHz.
IEEE 802.15.4e	Esta versão define melhorias MAC para IEEE 802.15.4 em apoio à aplicação ISA SP100.11a.
IEEE 802.15.4f	Isto definirá novos PHYs para UWB, banda de 2,4 GHz e também 433 MHz
IEEE 802.15.4g	Serão assim definidos novos PHYs para redes de vizinhança inteligentes. Estas podem incluir aplicações como as de redes inteligentes para o sector da energia. Poderá incluir a banda 902 - 928 MHz.

Embora estejam disponíveis novas versões da norma para utilização por qualquer uma das normas de camadas superiores, o Zigbee continua a utilizar a versão inicial de 2003 da norma IEEE 802.15.4.

Aplicações IEEE 802.15.4

A tecnologia IEEE 802.15.4 é utilizada para uma variedade de diferentes normas de camadas superiores. Desta forma, as camadas físicas e MAC básicas já estão definidas, permitindo que as camadas superiores sejam fornecidas pelo sistema individual em utilização.

APLICAÇÃO OU SISTEMA	DESCRIÇÃO DA APLICAÇÃO OU DO SISTEMA IEEE 802.15.4
Zigbee	O Zigbee é apoiado pela Zigbee Alliance e fornece os níveis mais elevados necessários para um sistema de rádio de baixa potência para aplicações de controlo, incluindo iluminação, aquecimento e muitas

	outras aplicações.
HART sem fios	O WirelessHART é uma tecnologia de rede sem fios de padrão aberto que foi desenvolvida pela HART Communication Foundation para utilização na banda ISM de 2,4 GHz. O sistema utiliza o IEEE802.15.4 para as camadas inferiores e fornece uma arquitetura de malha sincronizada no tempo, auto-organizada e auto-regenerativa.
RF4CE	A RF4CE, Radio Frequency for Consumer Electronics (radiofrequência para eletrónica de consumo), juntou-se à aliança Zigbee e tem como objetivo fornecer controlos por rádio de baixa potência para aplicações audiovisuais, principalmente para aplicações domésticas, tais como descodificadores, televisores e afins. Promete uma comunicação e facilidades melhoradas em comparação com os controlos existentes.
MiWi	O MiWi e os sistemas MiWi P2P que o acompanham são concebidos pela Microchip Technology. Foram concebidos para baixas taxas de transmissão de dados e redes de curta distância e baixo custo e destinam-se a aplicações que incluem monitorização e controlo industrial, automatização de casas e edifícios, controlo remoto e leitura automática de contadores.
ISA100.11a	Esta norma foi desenvolvida pela ISA como uma tecnologia de rede sem fios de norma aberta e é descrita como um sistema sem fios para a automatização industrial, incluindo o controlo de processos e outras aplicações relacionadas.
6LoWPAN	Este nome bastante invulgar é um acrónimo de "IPv6 over Low power Wireless Personal Area Networks" (IPv6 sobre redes pessoais sem fios de baixa potência). É um sistema que utiliza o IEEE 802.15.4 de base, mas usando pacotes de dados sob a forma de Ipv6.

Embora a norma IEEE 802.15.4 possa não ser tão conhecida como algumas das normas e sistemas de nível superior, como o Zigbee, que utilizam a tecnologia IEEE 802.15.4 como sistema subjacente de níveis inferiores, é, no entanto, muito importante. Abrange uma variedade de sistemas diferentes e, como tal, proporciona uma nova abordagem - fornecendo apenas as camadas inferiores e permitindo que outros sistemas forneçam as camadas superiores que são adaptadas à aplicação relevante.

CAPÍTULO - IV

Protocolos de encaminhamento

Introdução

Recentemente, foi proposta uma variedade de protocolos de encaminhamento para redes ad hoc sem fios. Este capítulo começa por apresentar as questões envolvidas na conceção de um protocolo de encaminhamento e, em seguida, as diferentes classificações dos protocolos de encaminhamento para redes ad hoc sem fios. Em seguida, aborda o funcionamento de vários protocolos de encaminhamento existentes, com ilustrações.

4.1 Questões na conceção de um protocolo de encaminhamento

Os principais desafios que se colocam a um protocolo de encaminhamento concebido para redes ad hoc sem fios são a mobilidade dos nós, as limitações de recursos, o estado do canal propenso a erros e os problemas de terminais ocultos e expostos. Segue-se uma análise pormenorizada de cada um destes aspectos.

4.1.1 Mobilidade

• A topologia da rede é altamente dinâmica devido ao movimento dos nós, pelo que uma sessão em curso sofre frequentes quebras de caminho.

• A interrupção ocorre devido ao movimento de nós intermédios no caminho ou de nós finais.

• Os protocolos de encaminhamento de redes com fios não podem ser utilizados em redes adhoc sem fios porque os nós não são estacionários e a convergência é muito lenta nas redes com fios.

• A mobilidade dos nós resulta em alterações frequentes das topologias de rede.

• Os protocolos de encaminhamento para redes ad hoc sem fios devem ser capazes de efetuar uma gestão eficiente e eficaz da mobilidade.

4.1.2 Restrição de largura de banda

• As redes com fios dispõem de uma largura de banda abundante devido ao advento da fibra ótica e à exploração das tecnologias de multiplexagem por divisão do comprimento de onda (WDM).

• Numa rede sem fios, a banda de rádio é limitada e, por isso, os débitos de dados que pode oferecer são muito inferiores aos que uma rede com fios pode oferecer.

• Isto exige que os protocolos de encaminhamento utilizem a largura de banda de forma optimizada, mantendo a sobrecarga tão baixa quanto possível.

• A disponibilidade limitada de largura de banda também impõe uma limitação aos protocolos de encaminhamento no que respeita à manutenção da informação topológica.

4.1.3 Canal de rádio de difusão partilhada propenso a erros

• A natureza de difusão do canal de rádio representa um desafio único nas redes sem fios ad hoc.

• As ligações sem fios têm características variáveis no tempo em termos de capacidade de ligação e de probabilidade de erro de ligação.

• Para tal, é necessário que o protocolo de encaminhamento da rede adhoc sem fios interaja com a camada MAC para encontrar rotas alternativas através de ligações de melhor qualidade.

• As transmissões em redes ad hoc sem fios resultam em colisões de pacotes de dados e de controlo.

• Por conseguinte, é necessário que os protocolos de encaminhamento das redes sem fios ad hoc encontrem caminhos com menos congestionamento.

4.1.4 Problemas de terminais ocultos e expostos

• O problema do terminal escondido refere-se à colisão de pacotes num nó recetor devido à transmissão simultânea de nós que não estão dentro do alcance de transmissão direta do recetor, mas que estão dentro do alcance de transmissão do recetor.

• A colisão ocorre quando ambos os nós transmitem pacotes ao mesmo tempo sem saberem da transmissão um do outro.

• Ex: considere a figura 4.1. Aqui, se o nó A e o nó C transmitirem para o nó B ao mesmo tempo, os seus pacotes colidem no nó B. Isto deve-se ao facto de tanto o nó A como o C estarem escondidos um do outro, uma vez que não estão dentro do alcance direto de transmissão um do outro e, portanto, não sabem da presença um do outro.

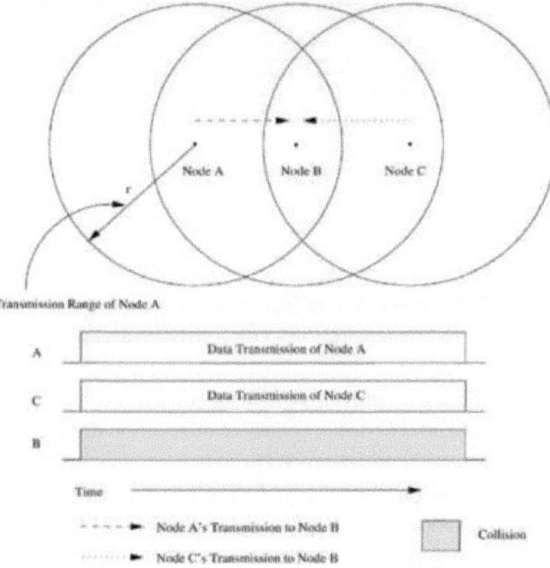

Figura 4.1. Problema do terminal oculto.

O problema do terminal exposto refere-se à incapacidade de um nó que está bloqueado devido à transmissão por um nó transmissor próximo transmitir para outro nó. Considere-se o exemplo da Figura 4.3. Aqui, se uma transmissão do nó B para outro nó A já estiver em curso, o nó C não pode transmitir para o nó D, pois conclui que o seu vizinho, o nó B, está em modo de transmissão e, por isso, não deve interferir com a transmissão em curso. Assim, a reutilização do espetro radioelétrico é afetada. Para que o nó C possa transmitir simultaneamente quando o nó B está a transmitir, a frequência de transmissão do nó C deve ser diferente da sua frequência de receção.

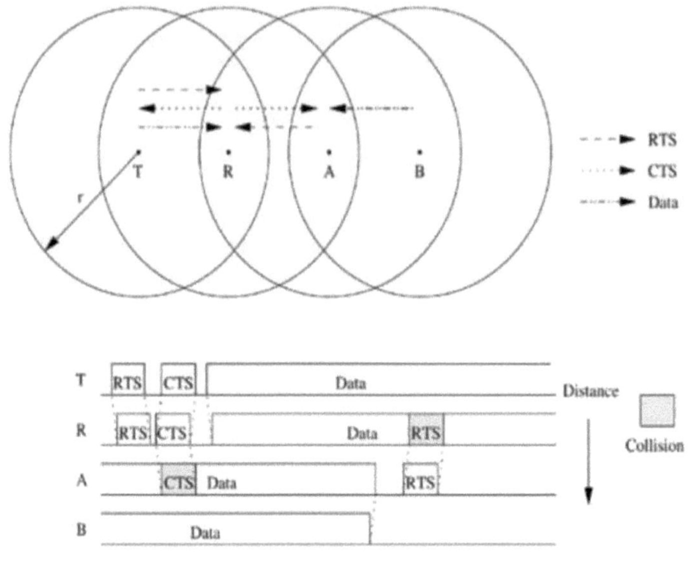

Figura 4.2. Problema do terminal oculto com o esquema RTS-CTS-Data-ACK.

A solução para este problema inclui a prevenção de colisão de acesso ao meio (MACA):

* O nó transmissor começa por notificar explicitamente todos os potenciais nós ocultos sobre a próxima transmissão através de um protocolo de controlo de aperto de mão bidirecional denominado troca de protocolos RTS-CTS.

* Isto pode não resolver completamente o problema, mas reduz a probabilidade de colisões.

Prevenção de colisões de acesso ao meio para redes sem fios (MACAW):

* Uma versão melhorada do protocolo MACA.

* Introduzido para aumentar a eficiência.

* Exige que um recetor reconheça cada receção bem sucedida de um pacote de dados.

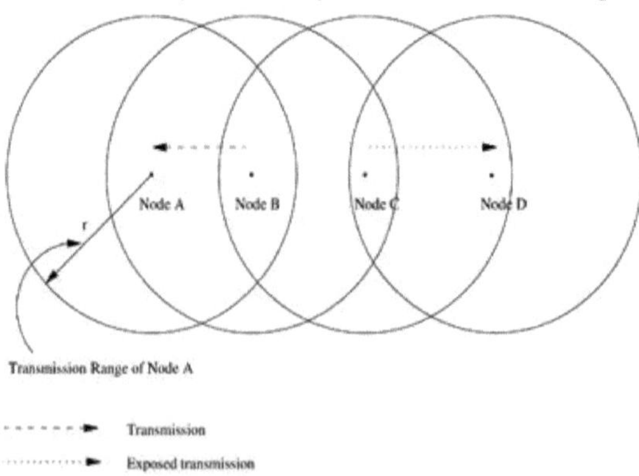

Figura 4.3. Problema do terminal exposto.

Outras soluções incluem o acesso múltiplo de aquisição de piso (FAMA) e o acesso múltiplo de tom de ocupado duplo (DBTMA).

* O problema do terminal exposto refere-se à incapacidade de um nó, que está bloqueado devido à transmissão por um nó transmissor próximo, transmitir para outro nó.

* Ex: considere a figura 4.3. Aqui, se uma transmissão do nó B para outro nó A já estiver em curso, o nó C não pode transmitir para o nó D, pois conclui que o seu vizinho nó B está em modo de transmissão e, por isso, não deve interferir com a transmissão em curso. Assim, a reutilização do espetro radioelétrico é afetada.

* **Restrições de recursos**

* Dois recursos essenciais e limitados são a autonomia da bateria e a capacidade de processamento.

* Os dispositivos utilizados nas redes sem fios adhoc requerem portabilidade e, por isso, também têm limitações de tamanho e peso, para além das restrições relativas à fonte de alimentação.

* O aumento da potência da bateria e da capacidade de processamento torna os nós mais volumosos e menos portáteis.

4.2 Características de um protocolo de encaminhamento ideal para redes sem fios Ad Hoc

Um protocolo de encaminhamento para redes ad hoc sem fios deve ter as seguintes características

■ Deve ser totalmente distribuído, uma vez que o encaminhamento centralizado implica um elevado custo de controlo e, por conseguinte, não é escalável.

■ Deve ser adaptável a alterações frequentes da topologia causadas pela mobilidade dos nós.

■ O cálculo e a manutenção das rotas devem envolver um número mínimo de nós. Cada nó da rede deve ter acesso rápido às rotas, ou seja, pretende-se um tempo mínimo de estabelecimento da ligação.

■ Deve ser localizada, uma vez que a manutenção do estado global implica um enorme custo de controlo da propagação do estado.

■ Deve ser livre de laços e de estradas estatais.

■ O número de colisões de pacotes deve ser reduzido ao mínimo, limitando o número de transmissões efectuadas por cada nó. As transmissões devem ser fiáveis para reduzir a perda de mensagens e evitar a ocorrência de rotas de estado.

■ Deve convergir para rotas óptimas quando a topologia da rede se torna estável. A convergência deve ser rápida.

■ Tem de utilizar de forma optimizada recursos escassos, como largura de banda, capacidade de computação, memória e energia da bateria.

■ Cada nó da rede deve tentar armazenar informações relativas apenas à topologia local estável. As alterações em partes remotas da rede não devem causar actualizações nas informações de topologia mantidas pelo nó.

■ Deve ser capaz de fornecer um certo nível de qualidade de serviço (QOS), conforme exigido pelas aplicações, e deve também oferecer suporte para tráfego sensível ao tempo.

4.3 Classificações dos protocolos de encaminhamento

Os protocolos de encaminhamento para redes ad hoc sem fios podem ser classificados em quatro categorias com base em

- Mecanismo de atualização das informações de encaminhamento
- Utilização de informações temporais para encaminhamento
- Topologia de encaminhamento
- Utilização de recursos específicos

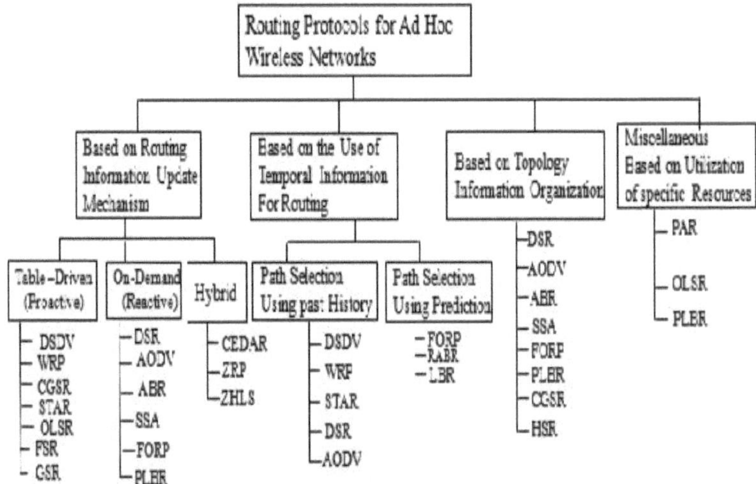

Figura 4.4. Classificação dos protocolos de encaminhamento.

Baseado no mecanismo de atualização da informação de encaminhamento

Os protocolos de encaminhamento das redes sem fios ad hoc podem ser classificados em 3 categorias principais com base no mecanismo de atualização das informações de encaminhamento. São elas:

■ *Protocolos de encaminhamento proactivos ou orientados por tabelas* :

■ Cada nó mantém a informação sobre a topologia da rede sob a forma de tabelas de encaminhamento, trocando periodicamente informações de encaminhamento.

■ As informações de encaminhamento são geralmente difundidas em toda a rede.

■ Sempre que um nó necessita de um caminho para um destino, executa um algoritmo de procura de caminho adequado com base nas informações de topologia que mantém.

■ *Protocolos de encaminhamento reactivos ou a pedido*:

■ Não atualizar as informações sobre a topologia da rede.

■ Obter o trajeto necessário quando este é requerido, utilizando um processo de estabelecimento de ligação.

■ *Protocolos de encaminhamento híbridos:*

■ Combinar as melhores características das duas categorias anteriores.

■ Diz-se que os nós que se encontram a uma certa distância do nó em causa, ou numa determinada região geográfica, estão dentro da zona de encaminhamento do nó em causa.

■ Para o encaminhamento dentro desta zona, é utilizada uma abordagem baseada em tabelas.

■ Para os nós que estão localizados para além desta zona, é utilizada uma abordagem a pedido.

Com base na utilização de informações temporais para o encaminhamento

Os protocolos que se enquadram nesta categoria podem ainda ser classificados em dois tipos:

Protocolos de encaminhamento que utilizam informação temporal passada:

■ Utiliza informações sobre o estado anterior das ligações ou o estado das ligações no momento do encaminhamento para tomar decisões de encaminhamento.

Protocolos de encaminhamento que utilizam informações temporais futuras:

Utilizar informações sobre o estado futuro previsto das ligações sem fios para tomar decisões de encaminhamento aproximadas.

Para além do tempo de vida das ligações sem fios, as informações sobre o estado futuro também incluem informações sobre o tempo de vida do nó, a previsão da localização e a previsão da disponibilidade da ligação.

Com base na topologia de encaminhamento

As redes ad hoc sem fios, devido ao seu número relativamente pequeno de nós, podem utilizar uma topologia plana ou uma topologia hierárquica para o encaminhamento.

■ *Protocolos de encaminhamento de topologia plana:*

■ Utilizar um esquema de endereçamento plano semelhante ao utilizado nas lans IEEE 802.3.

Pressupõe a presença de um mecanismo de endereçamento globalmente único para os nós de uma rede ad hoc sem fios.

■ *Protocolos de encaminhamento de topologia hierárquica:*

■ Utilizar uma hierarquia lógica na rede e um esquema de endereçamento associado.

■ A hierarquia pode basear-se em informações geográficas ou na distância entre saltos.

Com base na utilização de recursos específicos

■ *Encaminhamento sensível à energia:*

■ Tem como objetivo minimizar o consumo de um recurso muito importante nas redes ad hoc sem fios: a energia da bateria.

■ As decisões de encaminhamento baseiam-se na minimização do consumo de energia, quer a nível lógico quer a nível global da rede.

■ *Encaminhamento assistido por informação geográfica :*

■ Melhora o desempenho do encaminhamento e reduz a sobrecarga de controlo, utilizando eficazmente a informação geográfica disponível.

4.3.1 Protocolos de encaminhamento baseados em tabelas

■ Estes protocolos são extensões dos protocolos de encaminhamento das redes com fios.

■ Mantêm a informação sobre a topologia global sob a forma de tabelas em cada nó.

■ As tabelas são actualizadas frequentemente para manter informações consistentes e precisas sobre o estado da rede

Ex: Protocolo de encaminhamento de vetor de distância sequenciado no destino (DSDV), protocolo de encaminhamento sem fios (WRP), protocolo de encaminhamento adaptativo de árvore de origem (STAR) e protocolo de encaminhamento de comutador de gateway de cabeça de agrupamento (CGSR).

4.3.1.1 Protocolo de encaminhamento de vetor de distância com sequência de destino

• É uma versão melhorada do algoritmo distribuído de Bellman-Ford em que cada nó mantém uma tabela que contém a distância mais curta e o primeiro nó no caminho mais curto para todos os outros nós da rede.

• Incorpora actualizações de tabelas com etiquetas de números de sequência crescentes para evitar loops, para contrariar o problema da contagem até ao infinito e para uma convergência mais rápida.

• Uma vez que se trata de um protocolo de encaminhamento baseado em tabelas, as rotas para todos os destinos estão prontamente disponíveis em todos os nós em qualquer altura.

• As tabelas são trocadas entre vizinhos em intervalos regulares para manter uma visão actualizada da topologia da rede.

• As actualizações de tabelas são de dois tipos:

o *Actualizações incrementais:* Leva uma única unidade de pacote de dados de rede (NDPU). São utilizadas quando um nó não observa alterações significativas na topologia local.

o *Descargas completas:* Requer várias NDPUs. É feito quando a topologia local muda significativamente ou quando uma atualização incremental requer mais do que uma única NDPU.

• As actualizações da tabela são iniciadas por um destino com um novo número de sequência, que é sempre superior ao anterior.

• Considere o exemplo apresentado na figura 4.5 (a). Aqui o nó 1 é o nó de origem e o nó 15 é o destino. Como todos os nós mantêm informação sobre a topologia global, a rota já está disponível, como mostra a figura 4.5 (b).

• Aqui, a tabela de encaminhamento do nó 1 indica que o caminho mais curto para o nó de destino está disponível através do nó 5 e que a distância até ele é de 4 hops, como mostra a figura (b)

• A reconfiguração de um caminho utilizado por uma sessão de transferência de dados em curso é tratada pelo protocolo da seguinte forma.

• O nó terminal da ligação quebrada inicia uma mensagem de atualização da tabela com o peso da ligação quebrada atribuído ao infinito (от) e com um número de sequência superior ao número de sequência armazenado para esse destino.

• Cada nó, ao receber uma atualização com peso от, dissemina-a rapidamente para os seus vizinhos, de modo a propagar a informação de ligação quebrada a toda a rede.

•   Um nó atribui sempre um número ímpar à atualização da quebra de ligação para a diferenciar do número de sequência par gerado pelo destino.

•   A Figura 4.6 mostra o caso em que o nó 11 se desloca da sua posição atual.

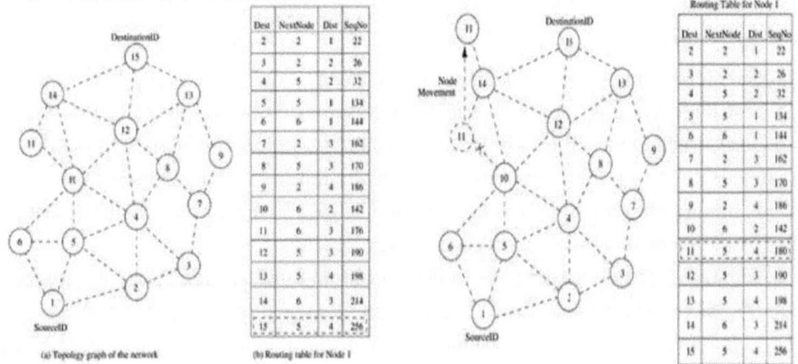

Figura 4.5. Estabelecimento da rota no DSDV.   Figura 4.6. Manutenção da rota no DSDV.

Vantagens

•   Menor atraso no processo de configuração da rota.

•   O mecanismo de atualização incremental com etiquetas de números de sequência torna os protocolos de rede com fios existentes adaptáveis às redes sem fios ad hoc.

•   As actualizações são propagadas por toda a rede, de modo a manter uma visão actualizada da topologia da rede em todos os nós.

Desvantagens

•   As actualizações devidas a ligações quebradas conduzem a uma sobrecarga de controlo pesada durante a mobilidade elevada.

•   Mesmo uma pequena rede com grande mobilidade ou uma grande rede com pouca mobilidade pode esgotar completamente a largura de banda disponível Sofre de sobrecarga de controlo excessiva.

•   Para obter informações sobre um determinado nó de destino, um nó tem de esperar por uma mensagem de atualização da tabela iniciada pelo mesmo nó de destino.

•   Este atraso pode resultar no estado das informações de encaminhamento nos nós.

4.3.1.2 Protocolo de encaminhamento sem fios (WRP)

■   O WRP é semelhante ao DSDV; herda as propriedades do algoritmo de bellman-ford distribuído.

■   Para contrariar o problema da contagem até ao infinito e permitir uma convergência mais rápida, utiliza um método único de manutenção da informação relativa à distância mais curta para cada nó de destino na rede e ao penúltimo nó de salto no caminho para cada nó de destino.

■   Mantém uma visão actualizada da rede, cada nó tem uma rota prontamente disponível para cada nó de destino na rede.

■   Difere do DSDV na atualização de tabelas e nos procedimentos de atualização.

■   Enquanto o DSDV mantém apenas uma tabela de topologia, o WRP usa um conjunto de tabelas para manter informações mais precisas.

- As tabelas que são mantidas por um nó são:

o Tabela de distâncias (DT): contém a visão de rede dos vizinhos de um nó. Contém uma matriz em que cada elemento contém a distância e o penúltimo nó reportado pelo vizinho para um determinado destino.

o Tabela de encaminhamento (RT): contém a visão actualizada da rede para todos os destinos conhecidos. Mantém a distância mais curta, o nó predecessor/penúltimo, o nó sucessor e uma bandeira que indica o estado do caminho. O estado do caminho pode ser um caminho mais simples (correto) ou um loop (erro), ou um nó de destino não marcado (nulo).

o Tabela de custo do link (LCT): contém o custo de retransmissão de mensagens através de cada link. Também contém o número de períodos de atualização decorridos desde que a última atualização bem sucedida foi recebida dessa ligação.

o Lista de retransmissão de mensagens (MRL): contém uma entrada para cada mensagem de atualização que deve ser retransmitida e mantém um contador para cada entrada.

o Depois de receber a mensagem de atualização, um nó não só actualiza a distância para os vizinhos transmitidos como também verifica a distância dos outros vizinhos, pelo que a convergência é muito mais rápida do que a do DSDV.

- Considere-se o exemplo apresentado na figura abaixo, em que a origem da rota é o nó 1 e o destino é o nó 15. Como o WRP mantém proactivamente a rota para todos os destinos, a rota para qualquer nó de destino está prontamente disponível no nó de origem.

- A partir da tabela de encaminhamento apresentada, a rota do nó 1 para o nó 15 tem como nó seguinte o nó 2. O nó predecessor de 15 correspondente a esta rota é a rota 12. A informação do predecessor ajuda o WRP a convergir rapidamente durante as quebras de ligação.

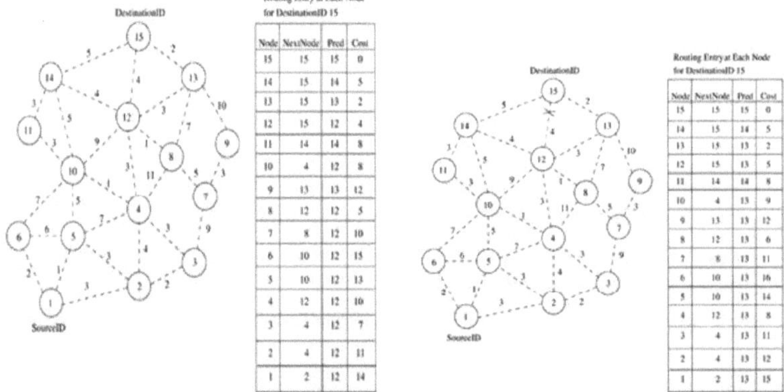

Figura 4.7. Estabelecimento de rota no WRP.

Figura 4.8. Manutenção de rotas no WRP.

Quando um nó detecta uma quebra de ligação, envia uma mensagem de atualização aos seus vizinhos com o custo da ligação quebrada definido como *m*. Depois de receber a mensagem de atualização, todos os nós afectados actualizam as suas distâncias mínimas aos nós correspondentes. O nó que iniciou a mensagem de atualização encontra então uma rota alternativa, se disponível a partir do seu DT. A Figura 4.8 mostra a manutenção de rotas no WRP.

Vantagens

- A WRP tem as mesmas vantagens que a DSDV.
- Tem uma convergência mais rápida e envolve menos actualizações da tabela.

Desvantagens

- A complexidade da manutenção de várias tabelas exige uma memória maior e um maior poder de processamento dos nós da rede sem fios adhoc.
- Não é adequado para redes sem fios ad hoc altamente dinâmicas e também para redes ad hoc muito grandes.

4.3.1.3 Protocolo de encaminhamento de comutador de gateway de cabeça de grupo (CGSR)

- Utiliza uma topologia de rede hierárquica, A CGSR organiza os nós em clusters, sendo a coordenação entre os membros de cada cluster confiada a um nó especial denominado *cluster-head*. Este chefe de cluster é eleito dinamicamente através de um algoritmo de menor mudança de cluster (LCC).

- De acordo com este algoritmo, um nó só deixa de ser um cluster-head se estiver sob o alcance de outro cluster-head, em que o empate é desfeito utilizando o algoritmo de ID mais baixo ou de conetividade mais elevada.

- O agrupamento fornece um mecanismo para atribuir a largura de banda, que é um recurso limitado, entre diferentes agrupamentos, melhorando assim a reutilização.

- Um agendamento baseado em fichas é utilizado num cluster para partilhar a largura de banda entre os membros do cluster.

- O CGRS assume que toda a comunicação passa pelo cluster-head. A comunicação entre 2 clusters é efectuada através dos nós membros comuns que são membros de ambos os clusters e que são designados por *gateways*.

- Espera-se que uma porta de ligação seja capaz de ouvir vários códigos de propagação que estão atualmente em funcionamento nos clusters em que o nó existe como membro.

- Diz-se que ocorre um conflito de gateways quando um chefe de grupo emite um token para uma gateway sobre um código de propagação enquanto a gateway está sintonizada noutro código.

- As gateways que são capazes de comunicar simultaneamente através de duas interfaces podem evitar conflitos de gateways.

- O desempenho do encaminhamento é influenciado pelo agendamento de tokens e pelo agendamento de códigos, que é efectuado nas cabeças de agrupamento e nos gateways, respetivamente.

- Cada nó membro mantém uma tabela de encaminhamento que contém o cluster-head de destino para cada nó da rede.

- Para além da tabela de membros dos clusters, cada nó mantém uma tabela de encaminhamento que contém a lista de nós de próximo salto para chegar a cada cluster de destino.

- O protocolo de encaminhamento de clusters é utilizado aqui.

- A figura abaixo mostra a cabeça do agrupamento, os gateways do agrupamento e os nós membros normais do agrupamento numa rede ad hoc sem fios.

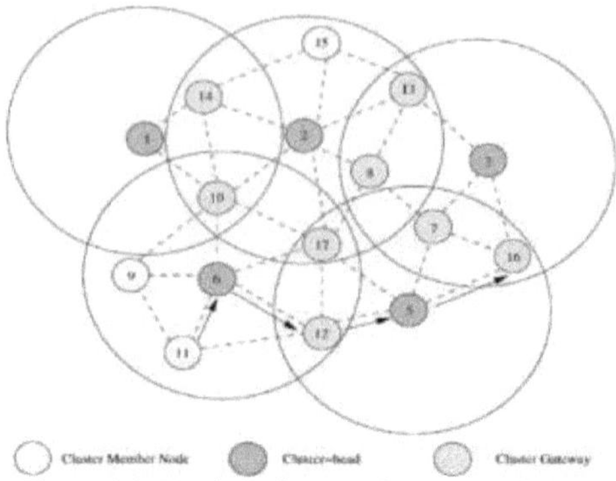

Figura 4.9. Estabelecimento de rotas no CGSR.

Vantagens

■ O CGSR é um esquema de encaminhamento hierárquico que permite a coordenação parcial entre nós através da eleição de cluster-heads.

■ É possível uma melhor utilização da largura de banda.

■ Esquemas de agendamento de prioridades fáceis de implementar com agendamento de fichas e agendamento de códigos de gateway.

Desvantagens

■ Aumento do comprimento do caminho e instabilidade do sistema em caso de mobilidade elevada, quando a taxa de mudança do chefe de agrupamento é elevada.

■ Para evitar conflitos de gateways, são necessários mais recursos.

■ O consumo de energia no nó cabeça de agrupamento é também uma questão preocupante.

■ Conduzem a mudanças frequentes na cabeça de agrupamento, o que pode resultar em múltiplas quebras de caminho.

4.3.1.4 Protocolo de encaminhamento adaptativo da árvore de origem (STAR)

Conceito-chave: abordagem de encaminhamento com menor sobrecarga (LORA)

• Este protocolo tenta fornecer caminhos viáveis que não são garantidos como sendo óptimos Envolve muito menos despesas de controlo.

• No protocolo STAR, cada nó transmite a informação da sua árvore de origem.

• A árvore de origem de um nó consiste nas ligações sem fios utilizadas pelo nó.

• Cada nó constrói um gráfico parcial da topologia.

• Durante a inicialização, um nó envia uma mensagem de atualização aos seus vizinhos.

• Cada nó terá um caminho para cada nó de destino.

• O caminho seria sub-ótimo; o pacote de dados contém informações sobre o caminho a percorrer para evitar a possibilidade de formação de loops de encaminhamento.

• Na presença de um mecanismo de difusão fiável, o STAR assume a manutenção implícita da rota.

• Para além das quebras de caminho, os nós intermédios são responsáveis pelo tratamento dos loops de encaminhamento.

• O pacote RouteRepair contém a árvore de origem completa do nó k e o caminho percorrido pelo pacote.

• Quando um nó intermédio recebe uma mensagem de atualização RouteRepair, retira-se do topo do caminho de reparação da rota e envia-a de forma fiável para a cabeça do caminho de reparação da rota.

Vantagens

* Custos de comunicação muito baixos.
* Reduz a sobrecarga média de controlo.

4.3.2 Protocolos de encaminhamento a pedido

Executam o processo de procura de caminhos e trocam informações de encaminhamento apenas quando um nó necessita de um caminho para comunicar com um destino

4.3.2.1 Protocolo de encaminhamento de fontes dinâmicas (DSR)

■ Concebida para limitar a largura de banda consumida pelos pacotes de controlo em redes sem fios adhoc, eliminando as mensagens periódicas de atualização da tabela.

■ Não tem beacon e não requer transmissões periódicas de pacotes hello.

■ A abordagem básica consiste em estabelecer uma rota através do envio de pacotes routerequest para a rede.

■ O nó de destino responde enviando um pacote routereply de volta à fonte.

■ Cada pedido de encaminhamento contém um número de sequência gerado pelo nó de origem e o caminho que percorreu, um nó verifica o número de sequência no pacote antes de o encaminhar.

■ O pacote só é reencaminhado se não for um pedido de encaminhamento duplicado.

■ O número de sequência do pacote é utilizado para evitar a formação de loops e para evitar transmissões múltiplas.

■ Assim, todos os nós, exceto o destino, enviam um pacote Routerequest durante a fase de construção da rota. Na figura 4.10, o nó fonte 1 inicia um pacote RouteRequest para obter um caminho para o nó destino 15.

■ Este protocolo utiliza uma cache de rotas que armazena toda a informação possível extraída da rota de origem contida num pacote de dados.

■ Durante as partições da rede, os nós afectados iniciam pacotes de pedido de encaminhamento.

■ O DSR também permite o "piggy-backing" de um pacote de dados no routerequest.

■ Como parte das optimizações, se os nós intermédios também puderem originar pacotes RouteReply, então um nó de origem pode receber várias respostas de nós intermédios.

■ Na figura 4.11, se o nó intermédio 10 tiver uma rota para o destino através do nó 14, também envia o RouteReply para o nó de origem.

■ O nó de origem selecciona a melhor e mais recente rota e utiliza-a para enviar os pacotes de dados.

■ Cada pacote de dados transporta o caminho completo até ao seu destino.

■ Se uma ligação for interrompida, o nó de origem inicia novamente o processo de descoberta de rota

Todos os nós intermediários enviam o pacote *RouteRequest* se ele não for redundante. Por exemplo, depois de receber o pacote *RouteRequest* do nó 1 (ver Figura 4.10), todos os seus nós vizinhos, ou seja, os nós 2, 5 e 6, reencaminham-no. O nó 4 recebe o *RouteRequest* dos nós 2 e 5. O nó 4 encaminha o primeiro *RouteRequest* que recebe de qualquer um dos nós 2 e 5 e descarta os outros pacotes *RouteRequest* redundantes/duplicados. O *RouteRequest* é propagado até chegar ao destino, que inicia o *RouteReply*. Como parte das optimizações, se os nós intermédios também puderem originar pacotes *RouteReply*, então um nó de origem pode receber várias respostas de nós intermédios. Por exemplo, na Figura 4.11, se o nó intermédio 10 tiver uma rota para o destino através do nó 14, também envia o *RouteReply* para o nó de origem. O nó de origem selecciona a melhor e mais recente rota e utiliza-a para enviar os pacotes de dados. Cada pacote de dados contém o caminho completo para o seu destino. Uma mensagem *RouteError* é gerada a partir do nó adjacente à ligação quebrada para informar o nó de origem. O nó de origem reinicia o procedimento de estabelecimento de rota. As entradas em cache nos nós intermediários e no nó de origem são removidas quando *um* pacote RouteError é recebido. Se uma ligação for quebrada devido ao movimento dos nós de borda (nós 1 e 15), o nó de origem inicia novamente o processo de descoberta de rota.

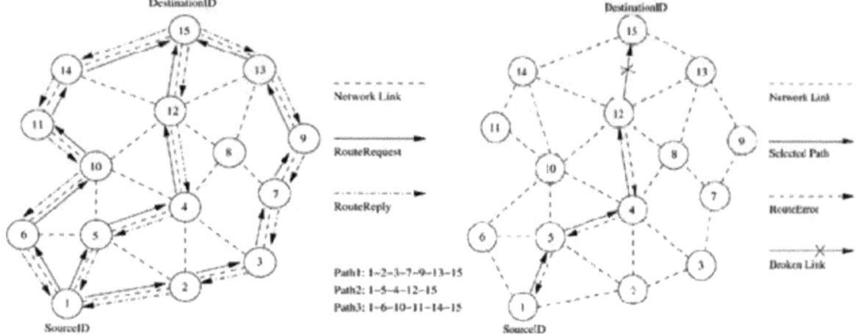

Figura 4.10. Estabelecimento de rotas no DSR.   Figura 4.11. Manutenção da rota em DSR.

Vantagens

■ Utiliza uma abordagem reactiva que elimina a necessidade de inundar periodicamente a rede com mensagens de atualização de tabelas.

■ A rota só é estabelecida quando necessário.

■ Reduzir a sobrecarga de controlo

Desvantagens

■ O mecanismo de manutenção de rotas não repara localmente uma ligação quebrada.

■ Informações obsoletas sobre a cache de rotas podem resultar em inconsistências durante a fase de construção da rota.

■ O atraso no estabelecimento da ligação é maior.

■ O desempenho degrada-se rapidamente com o aumento da mobilidade.

■ A sobrecarga de encaminhamento é maior e diretamente proporcional ao comprimento do caminho

4.3.2.2 Protocolo de encaminhamento Ad Hoc On-Demand Distance Vetor (AoDV)

■ A rota só é estabelecida quando um nó de origem a requer para a transmissão de pacotes de dados.

■ Utiliza números de sequência de destino para identificar o caminho mais recente.

■ O nó de origem e os nós intermédios armazenam a informação do próximo salto correspondente a cada fluxo para a transmissão do pacote de dados.

■ Utiliza destseqnum para determinar um caminho atualizado para o destino.

■ Um RouteRequest contém o identificador da fonte, o identificador do destino, o número de sequência da fonte, o número de sequência do destino, o identificador de difusão e o campo "time to live".

■ destseqnum indica a frescura da rota que é aceite pela fonte.

■ Quando um nó intermédio recebe um pedido de itinerário, reencaminha-o ou prepara um RouteReply se tiver um itinerário válido para o destino. A validade do nó intermédio é determinada pela comparação dos números de sequência. Se um RouteRequest for recebido várias vezes, as cópias duplicadas são descartadas.

■ Cada nó intermédio introduz o endereço do nó anterior e o seu BCASTID. É utilizado um temporizador para eliminar esta entrada no caso de não ser recebido um pacote RouteReply. O AODV não repara localmente um caminho quebrado. Quando uma ligação se quebra, os nós finais são notificados. O nó de origem restabelece a rota para o destino, se necessário.

Nesta figura, o nó de origem 1 inicia um processo de procura de caminho originando um *RouteRequest* a ser inundado na rede para o nó de destino 15, assumindo que o *RouteRequest* contém o número de sequência do destino como 3 e o número de sequência da origem como 1. Quando os nós 2, 5 e 6 recebem o pacote *RouteRequest*, verificam as suas rotas para o destino. Caso não exista uma rota para o destino, reencaminham-na para os seus vizinhos. Neste caso, os nós 3, 4 e 10 são os vizinhos dos nós 2, 5 e 6. Assume-se que os nós intermédios 3 e 10 já têm rotas para o nó de destino, ou seja, o nó 15, através dos caminhos 10-14-15 e 3-7-913-15, respetivamente. Se o número de sequência do destino no nó intermédio 10 for 4 e for 1 no nó intermédio 3, então apenas o nó 10 pode responder ao longo da rota em cache para a fonte. Isto deve-se ao facto de o nó 3 ter uma rota mais antiga para o nó 15 em comparação com a rota disponível no nó de origem (o número de sequência do destino no nó 3 é 1, mas o número de sequência do destino é 3 no nó de origem), enquanto o nó 10 tem uma rota mais recente (o número de sequência do destino é 4) para o destino. Se o *RouteRequest* chegar ao destino (nó 15) através do caminho 4-12-15 ou de qualquer outro caminho alternativo, o destino envia também um *RouteReply* à fonte. Neste caso, vários pacotes *RouteReply* chegam à fonte. Todos os nós intermédios que recebem um *RouteReply* actualizam as suas tabelas de rotas com o último número de sequência do destino. Também actualizam a informação de encaminhamento se esta conduzir a um caminho mais curto entre a origem e o destino.

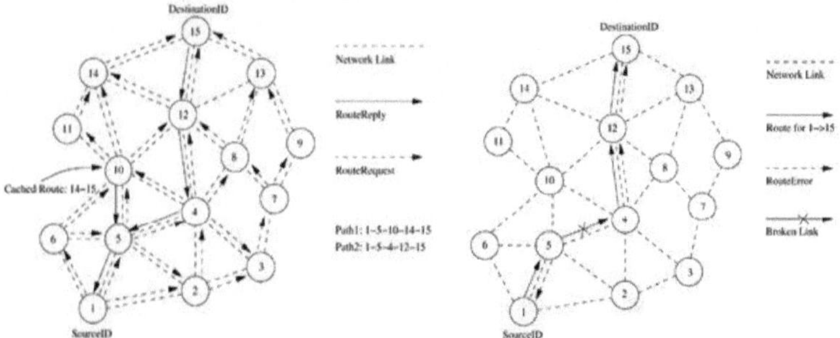

Figura 4.12. Estabelecimento da rota no AODV.   Figura 4.13. Manutenção da rota no AODV.

Vantagens

■ As rotas são estabelecidas a pedido e o DestSeqNum é utilizado para encontrar a última rota para o destino.

■ O atraso na configuração da ligação é menor.

Desvantagens

■ Os nós intermédios podem dar origem a rotas inconsistentes se o número de sequência da fonte for muito antigo.

■ Múltiplos pacotes routereply para um único pacote routerequest podem levar a uma sobrecarga de controlo pesada.

■ A sinalização periódica conduz a um consumo desnecessário de largura de banda

4.3.2.3 Algoritmo de encaminhamento temporalmente ordenado (TORA)

Protocolo de encaminhamento a pedido iniciado pela fonte

*   Utiliza um algoritmo de inversão de ligações.

*   Fornece rotas multipercurso sem laços para o destino.

*   Cada nó mantém a sua informação topológica local de um ciclo.

*   Tem capacidade para detetar partições.

*   Propriedade única.

*   Limitação dos pacotes de controlo a uma pequena região durante o processo de reconfiguração iniciado por uma interrupção de percurso.

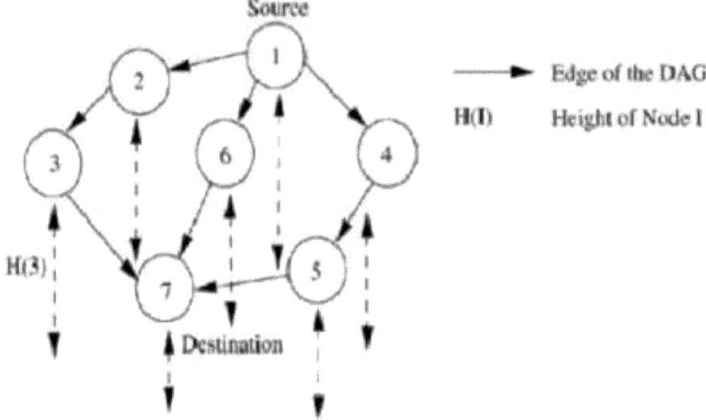

Figura 4.14. Ilustração da ordenação temporal no TORA.

O TORA tem 3 funções principais: estabelecer, manter e apagar rotas

*   A função de estabelecimento de rota é executada apenas quando um nó necessita de um caminho para um destino, mas não tem qualquer ligação direta.

*   Este processo estabelece um gráfico acíclico orientado para o destino utilizando um mecanismo de consulta/atualização.

*   Uma vez obtido o caminho para o destino, considera-se que este existe enquanto estiver disponível, independentemente das alterações do comprimento do caminho devidas às reconfigurações que possam ocorrer durante a sessão de transferência de dados.

*   Se o nó detecta uma partição, origina uma mensagem clara, que apaga a informação do caminho existente nessa partição relacionada com o destino.

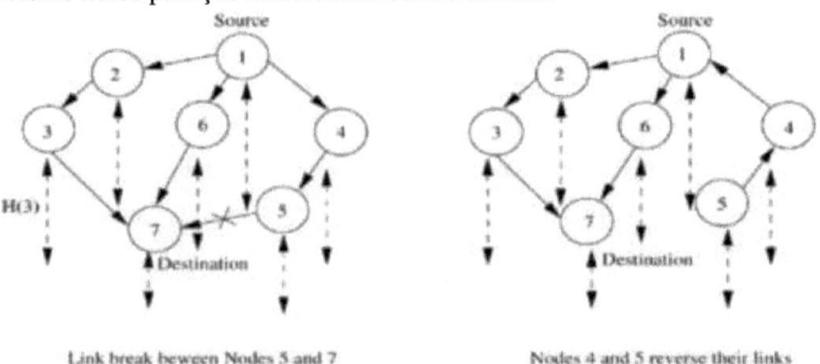

Figura 7.15. Ilustração da manutenção de rotas no TORA.

Vantagens
* Menor sobrecarga de controlo.
* Deteção simultânea de partições.
* Supressão subsequente de rotas.

Desvantagens
* Oscilações temporárias e loops transitórios.
* A reconfiguração local das vias resulta em vias não óptimas.

4.3.2.4 Encaminhamento baseado na associatividade (ABR)

É um protocolo de encaminhamento distribuído que selecciona rotas com base na estabilidade das ligações sem fios.

■ É um protocolo de encaminhamento a pedido baseado em beacon.

■ Uma ligação é classificada como estável ou instável com base na sua estabilidade temporal.

■ A estabilidade temporal é determinada pela contagem dos beacons periódicos que um nó recebe dos seus vizinhos.

■ Cada nó mantém a contagem dos beacons dos seus vizinhos e classifica cada ligação como estável ou instável.

■ A ligação correspondente a um vizinho estável é designada por ligação estável, enquanto uma ligação a um vizinho instável é designada por ligação instável.

■ Um nó de origem envia pacotes de pedido de rota para toda a rede se uma rota não estiver disponível na sua cache de rotas.

■ Todos os nós intermédios reencaminham o pacote de pedido de encaminhamento.

■ Um pacote RouteRequest contém o caminho que percorreu e a contagem de beacons para os nós correspondentes no caminho.

■ Quando o primeiro Routerequest chega ao destino, este aguarda um período de tempo T para receber vários RouteRequests através de caminhos diferentes.

■ Se dois caminhos tiverem a mesma proporção de ligações estáveis, é selecionado o mais curto.

■ Se estiver disponível mais do que um caminho, é selecionado um caminho aleatório entre eles como caminho entre a origem e o destino, como mostra a Figura 4.18, o *RouteRequest* chega ao destino através de três caminhos diferentes. A rota 1 é 1-5-10-14-15, a rota 2 é 1-5-4-1215 e a rota 3 é 1-2-4-8-13-15. O ABR selecciona a rota 3 porque contém a maior percentagem de ligações estáveis em comparação com a rota 1 e a rota 2. O ABR dá mais prioridade às rotas estáveis do que às rotas mais curtas. Assim, a rota 3 é selecionada, apesar de o comprimento da rota selecionada ser superior ao das outras duas rotas.

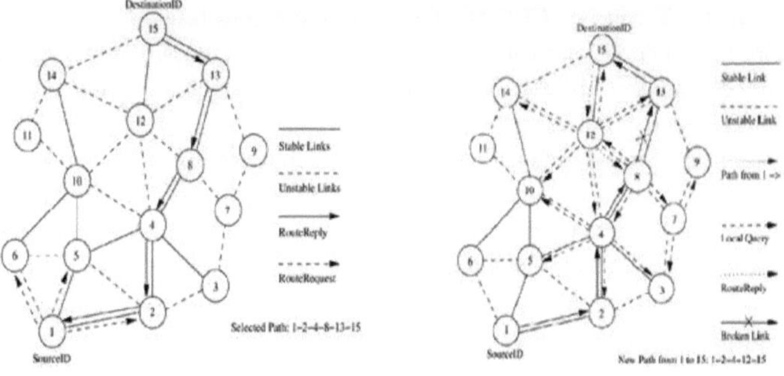

Figura 4.18. Estabelecimento de rota em ABR.   Figura 4.19. Manutenção da rota na ABR.

Se um nó não conseguir reparar a ligação quebrada, então o seu nó de ligação ascendente (o nó anterior no caminho que está mais próximo do nó de origem) reinicia a transmissão LQ. Este processo de reparação da rota continua ao longo dos nós intermédios em direção ao nó de origem até atravessar metade do comprimento do caminho quebrado ou até que a rota seja reparada. No primeiro caso, o nó de origem é informado, o que dá início a uma nova fase de estabelecimento de rota.

Vantagens

■ Os percursos estáveis têm maior preferência do que os percursos mais curtos.

■ Resultam em menos interrupções de caminhos, o que, por sua vez, reduz a extensão das inundações devido à reconfiguração de caminhos na rede.

Desvantagens

■ O caminho escolhido pode ser mais longo do que o caminho mais curto entre a origem e o destino devido à preferência dada a caminhos estáveis.

■ As transmissões repetitivas de LQ podem resultar em atrasos elevados durante as reparações de rotas.

4.4 Protocolos de encaminhamento híbridos

Neste caso, cada nó mantém a informação sobre a topologia da rede até *m* hops. Os diferentes protocolos híbridos existentes são apresentados de seguida.

4.4.1 Protocolo de encaminhamento distribuído Ad Hoc de extração de núcleo (CEDAR)

• O CEDAR integra o encaminhamento e o suporte para QoS.

• Baseia-se na extração de nós centrais (também designados por nós dominadores) na rede.

• Os nós centrais juntos aproximam o Conjunto Dominante (DS) mínimo.

• Um DS de um grafo é definido como um conjunto de nós tal que cada nó do grafo está presente no DS ou é vizinho de um nó presente no DS.

• Existe pelo menos um nó central em cada três saltos.

• Os nós que escolhem um nó central como nó dominante são chamados de nós membros centrais do nó central em questão.

• O caminho entre dois nós centrais é designado por ligação virtual. O CEDAR utiliza um algoritmo distribuído para selecionar os nós centrais.

• A seleção dos nós centrais representa a fase de extração do núcleo.

• O CEDAR utiliza o mecanismo de difusão central para transmitir qualquer pacote através da rede no modo unicast, envolvendo o menor número possível de nós.

• Estabelecimento de rotas no CEDAR: É efectuado em duas fases.

• A primeira fase encontra um caminho central da origem ao destino. O caminho central é definido como o caminho entre o dominador do nó de origem (núcleo de origem) e o dominador do nó de destino (núcleo de destino).

• Na segunda fase, é encontrado um caminho viável em termos de QoS sobre o caminho principal.

• Um nó inicia um RouteRequest se o destino não constar da tabela topológica local do seu nó central; caso contrário, o caminho é imediatamente estabelecido.

• Para estabelecer uma rota, o núcleo de origem inicia uma difusão de núcleo em que o RouteRequest é enviado a todos os nós de núcleo vizinhos que, por sua vez, o reencaminham.

- Um nó de núcleo que tenha o nó de destino como membro do núcleo responde ao núcleo de origem.
- Uma vez estabelecido o caminho principal, é escolhido um caminho com o suporte de QoS solicitado.
- Um nó após o qual ocorreu a rutura:
- o Envia uma notificação de falha.
- o Começa a encontrar um novo caminho para chegar ao destino.
- o Rejeita todos os pacotes recebidos até ao momento em que encontra o novo caminho para o destino.
- Entretanto, quando a fonte recebe a mensagem de notificação:
- o Pára para transmitir.
- o Tenta encontrar um novo itinerário para o destino.
- o Se a nova rota for encontrada por qualquer um destes dois nós, é estabelecido um novo caminho da fonte para o destino.

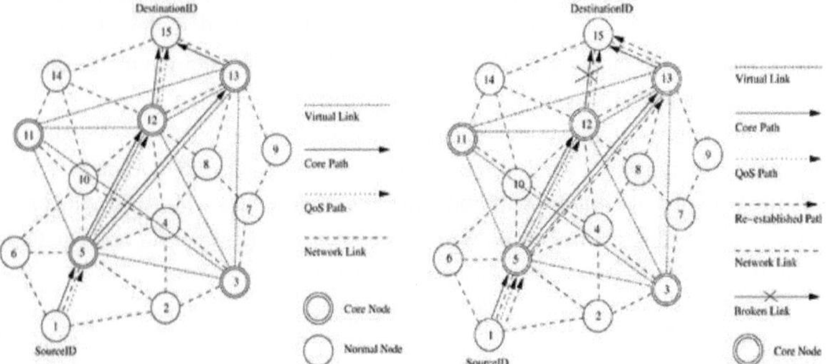

Figura 4.20 Estabelecimento de rotas em CEDAR.   Figura 4.21 Manutenção de rotas em CEDAR.

Vantagens

- Efectua o cálculo do percurso de encaminhamento e de QoS de forma muito eficiente com a ajuda dos nós centrais.
- A utilização de nós centrais reduz a sobrecarga de tráfego.
- As transmissões de núcleo fornecem um mecanismo fiável para estabelecer caminhos com suporte de QoS.

Desvantagens

- Uma vez que o estabelecimento de rotas é efectuado nos nós centrais, o movimento dos nós centrais afecta negativamente o desempenho do protocolo.
- As informações de atualização do nó central causam sobrecarga de controlo.

4.4.2 Protocolo de encaminhamento de zonas (ZRP)

Combina eficazmente as melhores características dos protocolos de encaminhamento proactivo e reativo.

- Utiliza um esquema de encaminhamento proactivo dentro de uma zona limitada na vizinhança de r-hop de cada nó.

- Utilizar um esquema de encaminhamento reativo para os nós que se situam para além desta zona. É utilizado um protocolo de encaminhamento INTRA-ZONA (IARP) na zona em que um determinado nó utiliza o encaminhamento proactivo.

73

■ O protocolo de encaminhamento reativo utilizado para além desta zona é designado por protocolo de encaminhamento INTER-ZONAS (IERP).

■ A zona de encaminhamento de um determinado nó é um subconjunto da rede, dentro do qual todos os nós são alcançáveis com uma distância menor ou igual a.

Estabelecimento de rotas: Quando um nó s (nó 8 na fig. 4.22) tem pacotes a enviar para um nó de destino d (nó 15 na fig.), verifica se o nó d está dentro da sua zona.

■ Se o destino pertencer à sua própria zona, então entrega os pacotes diretamente.

■ Caso contrário, o nó s transmite o RouteRequest aos seus nós periféricos (na figura, o nó 8 transmite o RouteRequest aos nós 2, 3, 5, 7, 9, 10, 13, 14 e 15).

■ Se algum nó periférico encontrar o nó d dentro da sua zona de encaminhamento, envia um RouteReply de volta ao nó 8 indicando o caminho; caso contrário, o nó reenvia o pacote RouteRequest para os nós periféricos.

■ Este processo continua até que o nó d seja localizado. Durante a propagação do pedido de itinerário, cada nó que encaminha o pedido de itinerário acrescenta-lhe o seu endereço.

■ Esta informação é utilizada para entregar o pacote routereply de volta à fonte.

■ Os critérios para selecionar o melhor caminho podem ser o caminho mais curto, o caminho com menor atraso, etc.

■ Quando um nó intermédio num caminho ativo detecta uma ligação quebrada no caminho, executa uma reconfiguração local do caminho em que a ligação quebrada é contornada através de um caminho alternativo curto que liga as extremidades da ligação quebrada

■ Uma mensagem de atualização do percurso é então enviada para o nó remetente, o que resulta num percurso sub-ótimo entre dois pontos finais.

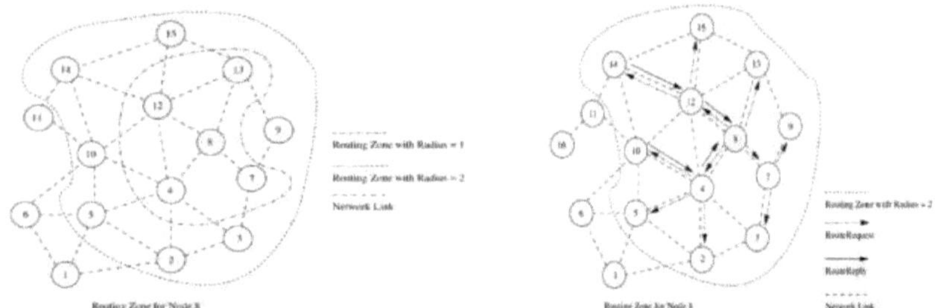

Figura 4.22. Zona de encaminhamento para o nó 8 no ZRP. Figura 4.23. Descoberta do caminho entre o nó 8 e o nó 16.

Vantagem

■ Reduzir a sobrecarga de controlo combinando as melhores características dos protocolos proactivos e reactivos.

Desvantagem

■ A sobrecarga de controlo pode aumentar devido à grande sobreposição de zonas de encaminhamento dos nós.

4.4.3 Protocolo de encaminhamento de estado de ligação hierárquico baseado em zonas (ZHLS)

■ O ZHLS utiliza a informação de localização geográfica dos nós para formar zonas não sobrepostas. É utilizado um endereçamento hierárquico que consiste num ID de zona e num

ID de nó.

■ À semelhança do ZRP, o ZHLS também utiliza uma abordagem proactiva dentro da zona geográfica e uma abordagem reactiva atrás da zona.

■ Cada nó necessita de suporte GPS para obter a sua própria localização geográfica, que é utilizada para se mapear na zona correspondente.

■ A atribuição de endereços de zona a áreas geográficas é importante e é efectuada durante uma fase designada por fase de conceção da rede ou fase de implementação da rede.

i. Cada nó mantém dois pacotes de estado da ligação: (LSP)

ii. LSP ao nível do nó: lista de vizinhos ligados.

iii. Zona LSP: lista de zonas ligadas.

■ Estabelecimento de rotas: se um nó de origem src quiser comunicar com um nó de destino dest, src verifica se dest reside na sua própria zona.

■ Se o destinatário pertencer à mesma zona, então os pacotes são entregues ao destinatário de acordo com a tabela de encaminhamento INTRA-ZONA.

■ Se dest não pertencer à mesma zona, então o src origina um pacote de pedido de localização contendo as informações do remetente e do destino. Esta informação de localização é enviada para todas as outras zonas.

■ O nó gateway de uma zona em que o pacote de pedido de localização é recebido verifica a sua tabela de encaminhamento para o nó de destino.

■ O nó gateway que encontra o nó de destino requerido por um pacote de pedido de localização origina um pacote de resposta de localização contendo a informação da zona para o remetente.

Tabela 4.1. Pacotes de estado de ligação de zona

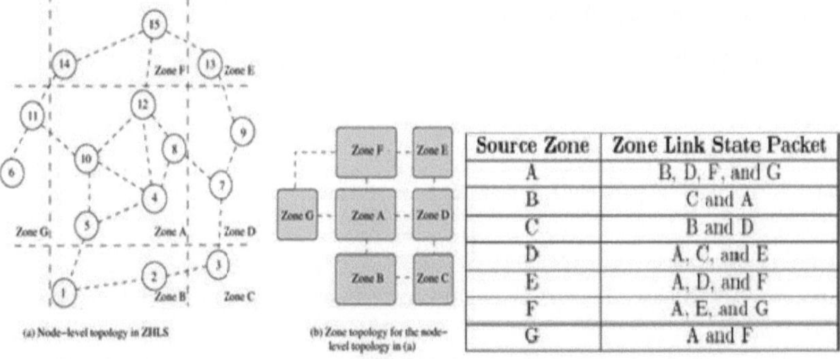

Source Zone	Zone Link State Packet
A	B, D, F, and G
B	C and A
C	B and D
D	A, C, and E
E	A, D, and F
F	A, E, and G
G	A and F

Figura 4.24. Protocolo de roteamento hierárquico de estado de enlace baseado em zonas.

Manutenção de itinerários

■ Se um determinado nó de gateway se ausentar, causando uma falha de ligação ao nível da zona, o encaminhamento pode ainda ser efectuado com a ajuda dos outros nós de gateway.

■ Isto deve-se ao endereçamento hierárquico que utiliza a IDENTIFICAÇÃO da zona e A IDENTIFICAÇÃO do nó.

4.5 Protocolos de encaminhamento com mecanismos de inundação eficientes

■ Muitos protocolos inundam a rede com pacotes RouteRequest para obter um caminho para o destino.

- ■ A inundação de pacotes de controlo resulta em:
- o Desperdício de largura de banda.
- o Aumento do número de colisões.
- ■ Protocolos com mecanismos de inundação eficientes:
- o Protocolo de encaminhamento baseado em ligações preferenciais (PLBR).
- o Protocolo OLSR (Optimized link state routing).

Protocolos de encaminhamento baseados em ligações preferenciais (PLBR)

■ Utilizar a abordagem de ligação preferencial de forma implícita, processando um pacote RouteRequest apenas se este for recebido através de uma ligação forte.

■ Neste caso, um nó selecciona um subconjunto de nós da sua lista de vizinhos (NL). Este subconjunto é designado por Lista Preferencial (PL). A seleção deste subconjunto pode basear-se nas características da ligação ou do nó.

■ Todos os vizinhos recebem pacotes RouteRequest devido ao canal de rádio de difusão, mas apenas os vizinhos presentes no PL os reencaminham.

■ Cada nó mantém informações sobre os seus vizinhos e os vizinhos destes numa tabela denominada Neighbor's Neighbor Table (NNT). Transmite periodicamente um beacon contendo a informação do vizinho alterado.

Estabelecimento de rotas

■ Se dest estiver no NNT de src, a rota é estabelecida diretamente. Caso contrário, src transmite um pacote RouteRequest contendo

- o Endereço do nó de origem (SrcID)
- o Endereço do nó de destino (DestID)
- o Número sequencial único (SeqNum)
- o Trajetória percorrida (TP)
- o PL
- o Bandeira TTL
- o Bandeira NoDelay

■ Um nó só é elegível para encaminhar um pedido de encaminhamento se satisfizer os seguintes critérios

■ O ID do nó deve estar presente no PL do pacote routerequest recebido.

■ o pacote routerequest não pode já ter sido reencaminhado pelo nó e o TTL do pacote deve ser superior a zero.

■ Se o destino estiver no NNT do nó elegível, o RouteRequest é encaminhado como um pacote unicast para o vizinho.

■ Se o PLT calculado estiver vazio, o pacote de pedido de itinerário é rejeitado e marcado como enviado.

■ Se o pedido de itinerário chegar ao destino, o itinerário é selecionado através do procedimento de seleção de itinerário a seguir indicado.

Seleção do itinerário

■ Quando vários pacotes de pedido de rota chegam ao destino, o procedimento de seleção de rota selecciona a melhor rota entre eles.

■ O critério para selecionar a melhor rota pode ser o caminho mais curto, o caminho com menor atraso ou o caminho mais estável.

■ O Dest inicia um temporizador depois de receber o primeiro pacote de pedido de itinerário. O temporizador expira após um determinado período de RouteSelectWait, após o qual não serão aceites mais pacotes RouteRequest.

■ A partir dos pacotes de Route Request recebidos, é selecionada uma rota da seguinte forma:

■ Para cada routerequest i que chegou a Dest durante o período de routeselectwait, é selecionado Max(Wmin), em que é o valor mínimo. O peso da ligação no caminho seguido por i se dois ou mais caminhos tiverem o mesmo valor para o caminho mais curto é selecionado.

■ Após a seleção de uma rota, todos os pacotes Routerequest subsequentes provenientes do mesmo src com um seqnum inferior ou igual ao seqnum do RouteRequest selecionado são rejeitados.

■ Se o sinal de atraso do nó estiver definido, o procedimento de seleção de rota é omitido e o TP do primeiro RouteRequest que chega ao Dest é selecionado como rota.

Algoritmos para o cálculo de ligações preferenciais:

Algoritmo de ligação preferencial baseado no grau de vizinhança (NDPL) Algoritmo de ligação preferencial baseado no peso (WBPL)

NDPL (algoritmo de ligação preferencial baseado no grau de vizinhança)

Seja d $^\wedge$ nó que calcula a tabela de listas preferenciais PLT. TP Caminho percorrido. OLDPL $^\wedge$ lista de preferências do pacote RouteRequest recebido. NNTd $^\wedge$ NNT do nó d. N(i) $^\wedge$ vizinhos do nó I e dele próprio. INL > lista de inclusão, um conjunto que contém todos os vizinhos alcançáveis através da transmissão do pacote RouteRequest. EXL $^\wedge$ Lista de exclusão, um conjunto que contém todos os vizinhos inalcançáveis através da transmissão do pacote RouteRequest após a execução do algoritmo.

Passo 1: O nó d marca os nós que não são elegíveis para reencaminhar o pacote RouteRequest.

a)   Se um nó i de TP for vizinho do nó d, marcar todos os vizinhos de i como acessíveis, ou seja, acrescentar N(i) ao INL.

b)   Se um nó i do OLDPL for vizinho do nó d e i < d, então incluir N(i) no INL.

c)   Se o vizinho i do nó d tiver um vizinho n presente em TP, acrescentar N(i) ao INL.

d)   Se o vizinho i do nó d tiver um vizinho n presente no OLDPL e n < d, adicionar N(i) ao INL.

Passo 2: Se o vizinho i do nó d não estiver no INL, colocar i no PLT e marcar todos os vizinhos de i como alcançáveis. Se i estiver presente em INL, marcar os vizinhos de i como inacessíveis, adicionando-os a EXL. **Passo 3:** Se o vizinho i de d tiver um vizinho n presente em EXL, colocar i em PLT e marcar todos os vizinhos de i como acessíveis. Eliminar todos os vizinhos de i de EXL.

Etapa 4: As etapas de redução são aplicadas aqui para remover a sobreposição de vizinhos do PLT sem comprometer a acessibilidade.

a)   Remover cada vizinho i do PLT se N (i) estiver coberto pelos restantes vizinhos do PLT. Neste caso, o vizinho de grau mínimo é selecionado de cada vez.

b)   Remover o vizinho i do PLT cujo N (i) é coberto pelo próprio nó d.

Algoritmo de ligação preferencial com base no peso (WBPL)

Neste algoritmo, um nó encontra as ligações preferenciais com base na estabilidade, que é indicada por um peso, que por sua vez se baseia na estabilidade temporal e espacial dos seus vizinhos.

1. Seja *BCnt,* o número de *balizas* recebidas de um vizinho i e TH_{bcon} o número de balizas geradas durante um período de tempo igual ao necessário para cobrir o intervalo de transmissão *fl'll Oxtranamission range*

$$\left(T\dot{H}_{bcon} = \frac{2\times transmission\ range}{maximum\ velocity \times period\ of\ beacon}\right).$$ Weislit aven a i com base na estabilidade do tempo (WT^i_{time}) é

$$WT_{time} = \begin{cases} 1 & \text{if } BCnt_i > TH_{bcon} \\ BCnt_i/TH_{bcon} & \text{otherwise.} \end{cases}$$

2. Estimar a distância até / a partir da potência recebida dos últimos pacotes utilizando modelos de propagação adequados. O peso baseado na estabilidade espacial é $$WT^i_{spatial} = \frac{R-D_{Est}}{R}$$

3. O peso atribuído à ligação i é o peso combinado dado à estabilidade temporal e à estabilidade espacial. $$W_i = WT^i_{time} + WT^i_{spatial}.$$

4. Organizar os vizinhos por uma ordem não crescente dos pesos dos nós. Os nós são colocados no *PLT* por esta ordem.

5. Se um Bilk estiver sobrecarregado, eliminar o vizinho associado do *PLT*. Executar *o passo* 1 deNDPL e eliminar $\forall i,\ i \in PLT \cap i \in INL.\ i$. Além disso, eliminar esses vizinhos do PLTdial satisfazer *o passo* 4 deNDPL.

Vantagens

■ Minimiza o problema da tempestade de difusão. Por isso, é altamente escalável.

■ A redução da sobrecarga de controlo resulta na diminuição do número de colisões e na melhoria da eficiência do protocolo.

Desvantagem

■ Computacionalmente mais complexo.

4.5.1 Roteamento de estado de link otimizado (OLSR)

■ Trata-se de um protocolo de encaminhamento proactivo que utiliza um mecanismo eficiente de encaminhamento de pacotes no estado da ligação, designado por retransmissão multiponto (MPR).

■ Este protocolo optimiza o protocolo de encaminhamento de estado de ligação puro.

■ As optimizações são feitas de duas formas:

o Reduzindo o tamanho dos pacotes de controlo.

o Reduzindo o número de ligações que são utilizadas para encaminhar os pacotes de estado da ligação.

■ O subconjunto de ligações ou vizinhos que são designados para actualizações do estado da ligação e aos quais é atribuída a responsabilidade pelo encaminhamento de pacotes é designado por retransmissores multiponto.

■ O conjunto constituído pelos nós que são retransmissores multiponto é designado por mprset.

■ Cada nó (digamos, P) no n/w selecciona um mprset que processa e encaminha cada pacote de estado da ligação que o nó P origina.

■ Os nós vizinhos que não pertencem ao mprset processam os pacotes de estado da ligação originados pelo nó P mas não os reencaminham.

■ Do mesmo modo, cada nó mantém um subconjunto de vizinhos chamado selectores MPR, que não é mais do que o conjunto de vizinhos que seleccionaram o nó como retransmissor multiponto.

■ Para decidir sobre a filiação dos nós no mprset, um nó envia periodicamente mensagens *Hello* que contêm:

o Lista de vizinhos com os quais o nó tem ligações bidireccionais

o Lista de vizinhos cuja transmissão foi recebida num passado recente, mas com os quais ainda não foram confirmadas ligações bidireccionais.

■ Os nós que recebem este pacote Hello actualizam as suas próprias tabelas de topologia de dois saltos.

■ A seleção de retransmissores multiponto também é indicada no pacote Hello.

■ A estrutura de dados denominada tabela de vizinhos é utilizada para armazenar a lista de vizinhos, os vizinhos de dois saltos e o estado dos nós vizinhos.

■ Os nós vizinhos podem estar num dos três estados de ligação possíveis, ou seja

o Unidirecional

o Bidirecional

Relé multiponto

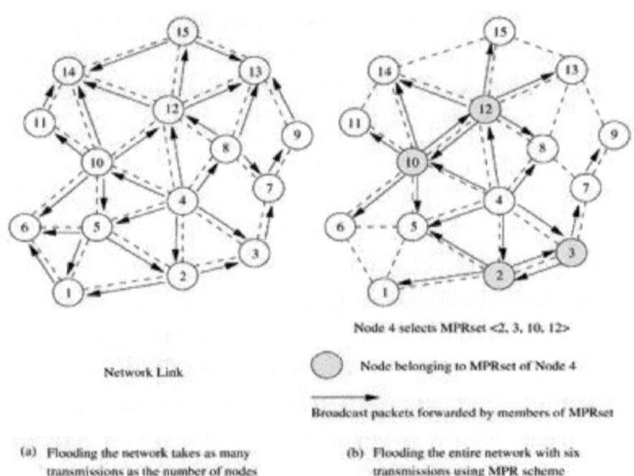

Figura 4.25. Exemplo de seleção do MPRset no OLSR.

Seleção dos nós de retransmissão multiponto (ver fig. b) Ni(x) $\rightarrow$ conjunto de vizinhos do i-ésimo salto do nó x MPR(x) $\rightarrow$ conjunto MPR do nó x.

Passop1: MPR(x) $\leftarrow \emptyset$ /* inicialização de um conjunto MPR vazio */

Passo2: MPR(x) $\leftarrow$ {¡ os nós que pertencem a N1(x) e que são os únicos vizinhos dos nós em N2(x)}

Passo3: enquanto existir um nó em N2(x) que não esteja coberto por MPR(x)

a) Para cada nó em N1(x), que não está em MPR(x), calcular o número máximo de nós que cobre entre os nós não cobertos no conjunto N2(x).

b) Acrescentar a MPR(x) o nó pertencente a N1(x) para o qual este número é máximo.

Vantagens:

* Reduz a sobrecarga de encaminhamento.
* Reduz o número de transmissões efectuadas.
* Assim, o tempo de estabelecimento da ligação é reduzido e a sobrecarga de controlo é reduzida.

4.6 Protocolos de encaminhamento hierárquico

A utilização da hierarquia de encaminhamento tem várias vantagens □ □ Redução do tamanho das tabelas de encaminhamento e melhor escalabilidade.

4.6.1 Protocolo de encaminhamento de estado hierárquico (HSR)

■ É um protocolo de encaminhamento hierárquico multinível distribuído que utiliza agrupamento em diferentes níveis com gestão eficiente de membros em cada nível de agrupamento.

■ Cada agrupamento tem o seu líder.

■ O agrupamento está organizado em níveis:

o **Física**: entre nós que têm ligações físicas sem fios de um salto entre si.

o **Lógico**: baseado em determinadas relações.

■ A Figura 4.26 ilustra o agrupamento multicamadas definido pelo protocolo HSR. No nível mais baixo *(L = 0)*, há seis líderes de cluster (nós 1, 2, 3, 4, 5 e 6). Os nós são classificados como líderes de agrupamento, ou nós de gateway, ou nós membros normais.

■ Ao líder do cluster são confiadas responsabilidades como a atribuição de faixas horárias/frequência/código, o controlo da admissão de chamadas, a programação da transmissão de pacotes, a troca de informações de encaminhamento e o tratamento de quebras de rota. Na Figura 4.27, o nó 5 é um líder de cluster marcado como *L0-5*, que se refere ao nível de clusterização (L = 0) e ao ID do nó (5).

■ Da mesma forma, cada um dos líderes de clusters de nível superior também é marcado (por *exemplo, L1 - 6, L - 2 - 6* e *L3 - 6* referem-se ao mesmo nó 6, mas actuando como líder com os IDs de líder dados nos níveis 1, 2 e 3, respetivamente).

■ Os esquemas de reutilização do espetro, incluindo a atribuição de códigos de espalhamento, podem ser utilizados entre os líderes dos agrupamentos L = 0. Para os nós sob a liderança do nó 6 no nível 0, os membros do agrupamento são os nós 9, 10, 11, 12 e 17.

■ Os nós que pertencem a múltiplos clusters são referidos como nós de gateway de cluster. Para o cluster de nível 0 cujo líder é o nó 6, os gateways de cluster são os nós 10, 12 e 17.

■ O segundo nível de agrupamento é efectuado entre os líderes do primeiro nível, ou seja, os líderes dos agrupamentos de nível *0, L0 - 1, L0 - 2, L0 - 3, L0 - 4, L0 - 5* e *L0 - 6*, formam os membros do agrupamento de primeiro nível.

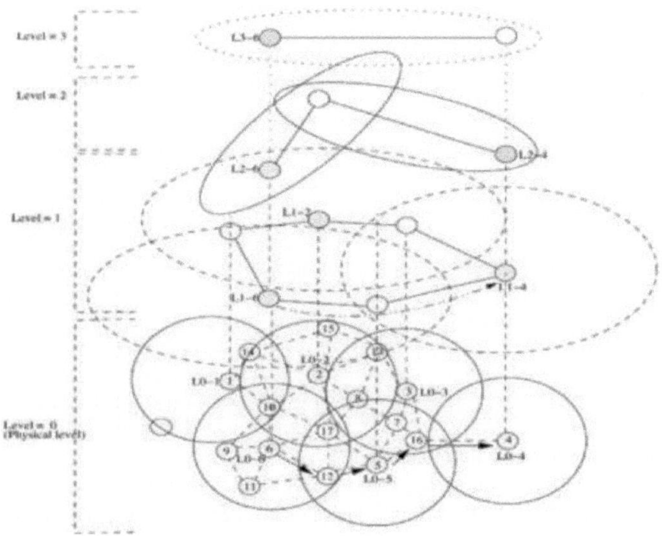

Figura 4.26. Exemplo de agrupamento multinível HSR.

Vantagens

■ Reduz o tamanho da tabela de encaminhamento, o armazenamento necessário é O (n x m).

■ Para uma topologia plana, é O (nm)

o n→ no. de nós

o m→ no. 'de níveis

Desvantagem

■ O processo de troca de informações em todos os níveis da hierarquia, bem como o processo de eleição do líder em cada agrupamento, torna-o bastante problemático para as redes adhoc.

4.6.2 Protocolo de encaminhamento de estado olho-de-peixe (FSR)

■ É uma generalização do protocolo GSR.

■ Utiliza a técnica Fisheye para reduzir a sobrecarga de encaminhamento.

■ Princípio: Propriedade do olho de um peixe que consegue captar informação de píxeis com maior precisão perto do ponto focal do seu olho.

■ Esta precisão diminui com o aumento da distância do centro do ponto focal

■ Esta propriedade é traduzida para o encaminhamento em redes sem fios adhoc por um nó

■ Cada nó mantém informações exactas sobre os nós próximos.

■ Os nós trocam informações sobre a topologia apenas com os seus vizinhos.

■ É utilizado um esquema de numeração sequencial para identificar as alterações recentes da topologia

■ Isto constitui um intercâmbio de informações ao nível da ligação dos protocolos de vetor de distância e um intercâmbio completo de informações sobre a topologia dos protocolos de estado da ligação.

■ O FSR define o âmbito do encaminhamento, que é o conjunto de nós que são alcançáveis num número específico de saltos.

■ O âmbito de um nó com dois lúpulos é o conjunto de nós que podem ser alcançados em dois lúpulos. A fig. 4.27 mostra o âmbito do nó 5 com um lúpulo e dois lúpulos.

■ A sobrecarga de encaminhamento é significativamente reduzida

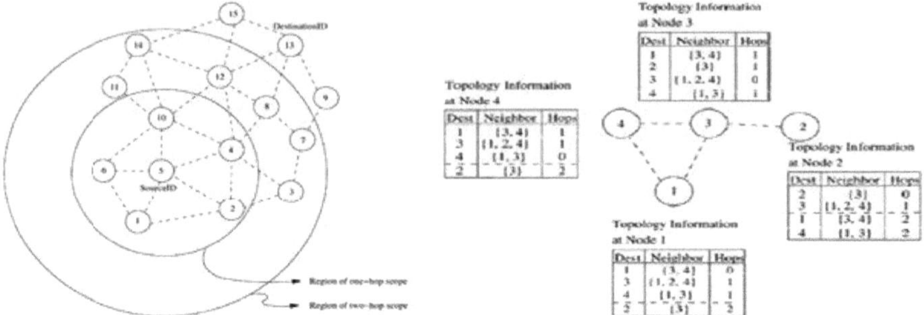

Figura 4.27. Encaminhamento do estado Fisheye.

Figura 4.28. Uma ilustração das tabelas de encaminhamento em FSR.

■ A informação sobre o estado da ligação para os nós pertencentes ao âmbito mais pequeno é trocada com a maior frequência. A frequência das trocas diminui com o aumento do âmbito.

■ A Fig. 4.28 ilustra um exemplo da informação sobre a topologia das redes n/w mantida nos nós de uma rede n/w.

■ O tamanho da mensagem de um pacote típico de atualização de informações sobre a topologia é significativamente reduzido.

■ As informações de encaminhamento dos nós que estão a um salto de distância de um nó são trocadas com mais frequência do que as informações de encaminhamento dos nós que estão a mais de um salto de distância.

■ As informações relativas aos nós que estão a mais de um salto de distância do nó atual são listadas abaixo da linha pontilhada na tabela de topologia.

Vantagens

■ Reduzir o consumo de largura de banda por pacotes de atualização do estado da ligação.

■ Adequado para redes sem fios adhoc de grande dimensão e com elevada mobilidade.

Desvantagem

■ Desempenho muito fraco em pequenas redes adhoc

4.7 Protocolos de encaminhamento com consciência da potência

Alguns dos protocolos de encaminhamento sensíveis à energia são discutidos a seguir:

4- *Métricas de encaminhamento com consciência de potência*

A limitação da disponibilidade de energia para o funcionamento constitui um estrangulamento significativo. Assim, a utilização de métricas de encaminhamento contribui para a utilização eficiente da energia e aumenta o tempo de vida da rede

5- *Consumo mínimo de energia por pacote*

• Esta métrica tem como objetivo minimizar a energia consumida por um pacote durante o seu percurso desde o nó de origem até ao nó de destino.

• A energia consumida por um pacote ao percorrer um caminho é a soma das energias necessárias em cada salto intermédio desse caminho.

• Esta métrica não equilibra a carga;

Desvantagens

o   Seleção de um caminho com um comprimento de salto elevado.

o   Impossibilidade de medir antecipadamente o consumo de energia.

o   Incapacidade de impedir a descarga rápida das baterias em alguns nós

4-   *Maximizar a conetividade da rede*

•   Esta métrica tenta equilibrar a carga de encaminhamento entre o conjunto de corte (o subconjunto dos nós na rede, cuja remoção resulta em partições da rede).

•   É difícil obter uma taxa uniforme de consumo da bateria para o conjunto de corte.

4-   *Variação máxima dos níveis de potência dos nós*

■   Esta métrica propõe distribuir a carga entre todos os nós da rede, de modo a que o padrão de consumo de energia se mantenha uniforme entre eles.

■   Este problema é muito complexo quando a taxa e o tamanho dos pacotes de dados variam

+- Custo mínimo por pacote

■   Para maximizar a vida útil de cada nó da rede, esta métrica de encaminhamento é efectuada em função do estado da bateria do nó.

■   O custo de um nó diminui com o aumento da carga da bateria e vice-versa.

■   O custo do nó pode ser facilmente calculado

■   **Vantagem**

o   tratamento dos congestionamentos e cálculo dos custos

M Minimizar o custo máximo do nó

•   Esta métrica minimiza o custo máximo por nó para um pacote após o encaminhamento de um determinado número de pacotes ou após um período específico.

•   Isto atrasa a falha de um nó, que ocorre devido a uma maior descarga devido ao encaminhamento de pacotes.

5.1Introdução

O objetivo do fornecimento de QoS é conseguir um comportamento mais determinístico da rede, de modo a que as informações transportadas pela rede possam ser mais bem fornecidas e os recursos da rede possam ser mais bem utilizados.

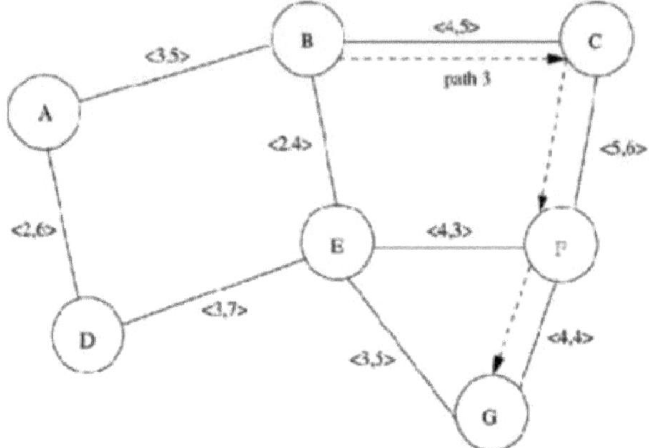

Figura 5.1. Um exemplo de encaminhamento QoS numa rede ad hoc sem fios.

- Por exemplo, considere a rede mostrada na Figura 5.1. Os atributos de cada link são mostrados em uma tupla $< BW, D >$, onde BW e Dre representam a largura de banda disponível em Mbps e o delay1 em milissegundos.
- Suponha que um fluxo de pacotes do *nó* B para o nó *G* requer uma garantia de largura de banda de 4 Mbps. Ao longo do capítulo, os termos "nó" e "estação" são usados de forma intercambiável. O encaminhamento QoS procura um caminho que tenha largura de banda suficiente para satisfazer o requisito de largura de banda do fluxo.
- Aqui, seis caminhos estão disponíveis entre os nós *B* e *G*, conforme mostrado na Tabela 10.1. O roteamento QoS seleciona o caminho 3 (*ou seja,* $B \wedge C \wedge F \wedge G$) porque, dentre os caminhos disponíveis, apenas o caminho 3 atende à restrição de largura de banda de 4 Mbps para o fluxo.
- A largura de banda de extremo a extremo de um caminho é igual à largura de banda da ligação com estrangulamento (*ou seja,* a ligação com a largura de banda mínima entre todas as ligações de um caminho).
- O atraso extremo-a-extremo de um caminho é igual à soma dos atrasos de todas as ligações de um caminho. Claramente, o caminho 3 não é ótimo em termos de contagem de saltos e/ou de parâmetros de atraso de extremo a extremo, enquanto o caminho 1 é ótimo em termos de contagem de saltos e de parâmetros de atraso de extremo a extremo.
- Assim, o encaminhamento QoS tem de selecionar um caminho adequado que satisfaça as restrições QoS especificadas no pedido de serviço feito pelo utilizador.

Tabela 5.1. Caminhos disponíveis do nó *B* para o nó *G*

No.	Path	Hop Count	End-to-end Bandwidth (Mbps)	End-to-end Delay (milliseconds)
1	$B \rightarrow E \rightarrow G$	2	2	9
2	$B \rightarrow E \rightarrow F \rightarrow G$	3	2	11
3	$B \rightarrow C \rightarrow F \rightarrow G$	3	4	15
4	$B \rightarrow C \rightarrow F \rightarrow E \rightarrow G$	4	3	19
5	$B \rightarrow A \rightarrow D \rightarrow E \rightarrow G$	4	2	23
6	$B \rightarrow A \rightarrow D \rightarrow E \rightarrow F \rightarrow G$	5	2	25

O fornecimento de QoS exige frequentemente a negociação entre o anfitrião e a rede, o controlo da admissão de chamadas, a reserva de recursos e o agendamento prioritário de pacotes. A QoS pode ser fornecida em redes ad hoc sem fios de várias formas, nomeadamente por fluxo, por ligação ou por nó. Nas redes ad hoc sem fios, a fronteira entre o fornecedor de serviços (rede) e o utilizador (anfitrião) não está claramente definida, pelo que é essencial uma melhor coordenação entre os anfitriões para obter QoS.

5.2 Questões e desafios no fornecimento de QoS em redes sem fios Ad Hoc

Algumas das características são a variação dinâmica da topologia da rede, a falta de informações precisas sobre o estado, a falta de um controlador central, o canal de rádio partilhado propenso a erros, a disponibilidade limitada de recursos, o problema do terminal oculto e o meio inseguro.

• **Variação dinâmica da topologia da rede:** Uma vez que os nós de uma rede ad hoc sem fios não têm qualquer restrição à mobilidade, a topologia da rede muda dinamicamente. Por conseguinte, as sessões de QoS admitidas podem ser afectadas devido a frequentes interrupções de caminho, exigindo assim que essas sessões sejam restabelecidas através de novos caminhos.

• **Informações de estado imprecisas:** Na maioria dos casos, os nós de uma rede ad hoc sem fios mantêm tanto a informação sobre o estado específico da ligação como a informação sobre o estado específico do fluxo. As informações sobre o estado específico da ligação incluem a largura de banda, o atraso, a instabilidade do atraso, a taxa de perda, a taxa de erro, a estabilidade, o custo e os valores de distância para cada ligação. As informações específicas do fluxo incluem o ID da sessão, o endereço de origem, o endereço de destino e os requisitos de QoS do fluxo (como o requisito de largura de banda máxima, o requisito de largura de banda mínima, o atraso máximo e o jitter de atraso máximo).

• **Falta de coordenação central:** Ao contrário das LAN sem fios e das redes celulares, as redes sem fios ad hoc não dispõem de controladores centrais para coordenar a atividade dos nós. Este facto complica ainda mais o fornecimento de QoS nas redes sem fios ad hoc.

• **Canal de rádio partilhado propenso a erros:** O canal de rádio é um meio de transmissão por natureza. Durante a propagação através do meio sem fios, as ondas de rádio sofrem de várias deficiências, como a atenuação, a propagação multipercurso e a interferência.

• **Problema do terminal oculto:** O problema do terminal oculto é inerente às redes ad hoc sem fios. Este problema ocorre quando os pacotes provenientes de dois ou mais nós emissores, que não estão dentro do alcance direto de transmissão um do outro, colidem num nó recetor comum. É necessária a retransmissão dos pacotes, o que pode não ser aceitável para fluxos com requisitos rigorosos de QoS.

• **Meio inseguro:** Devido à natureza de difusão do meio sem fios, a comunicação através de um canal sem fios é altamente insegura. Por conseguinte, a segurança é uma questão importante nas redes ad hoc sem fios, especialmente para aplicações militares e tácticas.

5.3 Classificações das soluções Qos

As soluções de QoS podem ser classificadas de duas formas. Uma classificação baseia-se na abordagem de QoS utilizada, enquanto a outra classifica as soluções de QoS com base no nível em que operam na pilha de protocolos de rede.

5.3.1 Classificações das abordagens de QoS

Como mostra a Figura 5.2, são utilizados vários critérios para classificar as abordagens de QoS. As abordagens de QoS podem ser classificadas com base na interação entre o protocolo de encaminhamento e o mecanismo de fornecimento de QoS, com base na interação entre a rede e as camadas MAC ou com base no mecanismo de atualização da informação de encaminhamento. Com base na interação entre o protocolo de encaminhamento e o mecanismo de fornecimento de QoS, as abordagens de QoS podem ser classificadas em duas categorias: abordagens de QoS *acopladas* e *desacopladas*. No caso da abordagem de QoS acoplada, o protocolo de encaminhamento e o mecanismo de fornecimento de QoS interagem estreitamente entre si para fornecer garantias de QoS. Se o protocolo de encaminhamento mudar, pode não conseguir assegurar as garantias de QdS. Mas no caso da abordagem dissociada, o mecanismo de fornecimento de QoS não depende de nenhum protocolo de encaminhamento específico para assegurar as garantias de QoS.

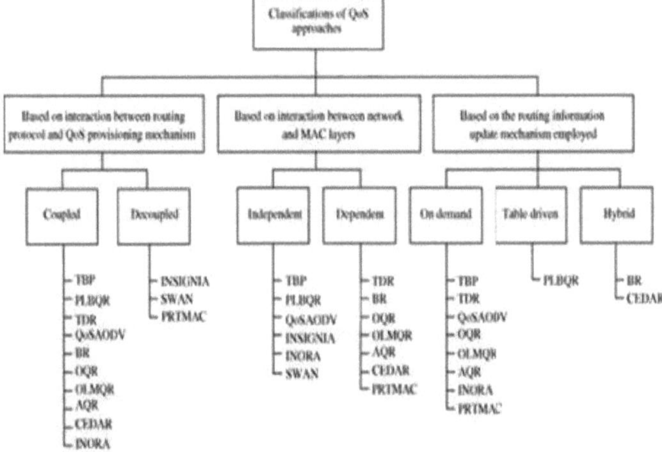

Figura 5.2. Classificações das abordagens de QoS.

5.3.2 Classificação em camadas das soluções de QoS existentes

As soluções de QoS existentes também podem ser classificadas com base no nível da pilha de protocolos de rede em que operam. A Figura 5.3 apresenta uma classificação das soluções de QoS por camadas. A figura também mostra algumas das soluções de QoS entre camadas propostas para redes ad hoc sem fios. As secções seguintes descrevem as várias soluções de QoS enumeradas na Figura 5.3.

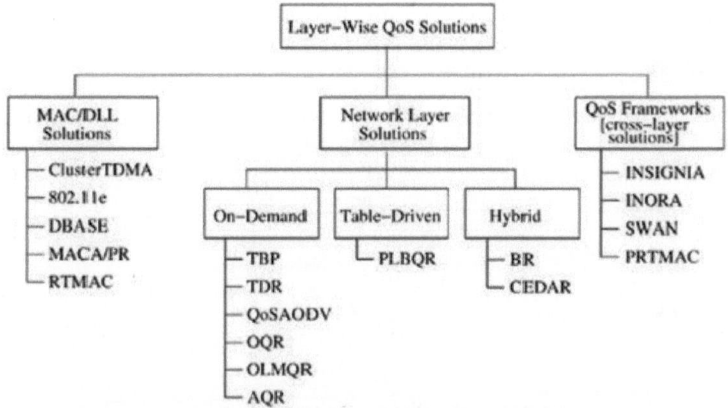

Figura 10.3. Classificação em camadas das soluções de QoS.

5.4 Soluções para a camada MAC

O protocolo MAC determina qual o nó que deve transmitir a seguir no canal de difusão quando vários nós estão a competir pela transmissão nesse canal. Os protocolos MAC existentes para redes ad hoc sem fios utilizam esquemas de deteção de canal e de retrocesso aleatório, o que os torna adequados para o tráfego de dados de melhor esforço.

Foi proposto um suporte de QoS para aplicações em redes ad hoc sem fios. Alguns desses protocolos são descritos a seguir.

5.4.1 Cluster TDMA

• Nesta abordagem de agrupamento, os nós são divididos em diferentes grupos. Cada grupo tem um chefe de agrupamento (eleito pelos membros desse grupo), que actua como um nó de difusão regional e como um coordenador local para melhorar o rendimento do canal.

• Cada nó dentro de um cluster está a um salto de distância do cluster-head. A formação de clusters e a seleção de cluster-heads são feitas de forma distribuída.

• Os algoritmos de clustering dividem os nós em clusters de modo a que estes estejam interligados e abranjam todos os nós.

• Três desses algoritmos utilizados são o algoritmo de ID mais baixo, o algoritmo de grau mais elevado (grau refere-se ao número de vizinhos que estão dentro do alcance de transmissão de um nó) e o algoritmo de menor mudança de cluster (LCC).

• No algoritmo de ID mais baixo, um nó torna-se cabeça de agrupamento se tiver o ID mais baixo de todos os seus vizinhos.

• No algoritmo de grau mais elevado, um nó com um grau superior aos graus de todos os seus vizinhos torna-se o chefe de grupo.

No algoritmo LCC, a mudança de cabeça de agrupamento só ocorre se uma alteração na rede fizer com que duas cabeças de agrupamento passem a fazer parte de um mesmo agrupamento ou se um dos nós sair do alcance de todas as cabeças de agrupamento.

5.4.2 IEEE 802.11e

O protocolo MAC IEEE 802.11 é descrito em primeiro lugar. Em seguida, são apresentados os mecanismos recentemente propostos para o suporte da QoS, nomeadamente a função de coordenação distribuída melhorada (EDCF) e a função de coordenação híbrida (HCF), definidas no IEEE 802.11e.

O intervalo de tempo entre as transmissões de dois quadros consecutivos é designado por espaço interquadros (IFS). Existem quatro IFSs definidos na norma IEEE 802.11, nomeadamente, o IFS curto (SIFS), o IFS PCF (PIFS), o IFS DCF (DIFS) e o IFS alargado (EIFS). A relação entre eles é a seguinte:

$$SIFS < PIFS < DIFS < EIFS$$

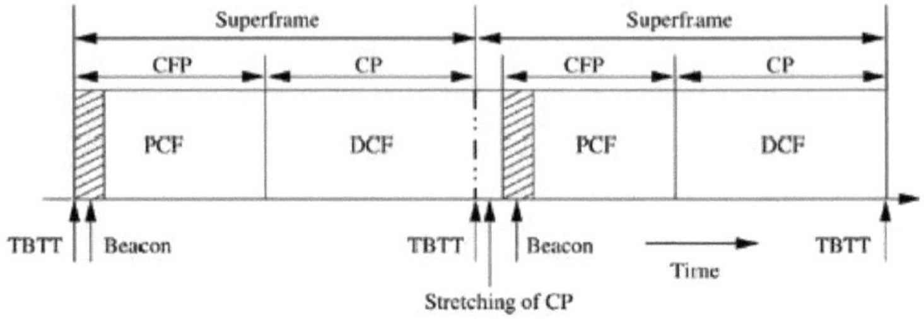

Figura 5.4. Partilha de quadros PCF e DCF.

O PCF tem algumas deficiências que o tornam inadequado para suportar o tráfego em tempo real. No TBTT, o PC tem de detetar o meio inativo durante pelo menos PIFS antes de transmitir a estrutura de sinalização. Se o meio estiver ocupado em torno do TBTT, a baliza é atrasada, atrasando assim a transmissão do tráfego em tempo real que tem de ser entregue no CFP seguinte. Além disso, o PC desconhece a duração da transmissão das estações sondadas. O PCF não é escalável para suportar o tráfego em tempo real de um grande número de utilizadores. Devido a estas razões, foram propostos vários mecanismos para melhorar a norma IEEE 802.11, de modo a proporcionar apoio à QoS.

5.4.3 DBASE
O protocolo de atribuição/partilha/extensão de largura de banda distribuída (DBASE) suporta o tráfego multimédia [tanto de débito variável (VBR) como de débito constante (CBR)] em WLAN ad hoc. Numa WLAN ad hoc, não existe uma infraestrutura fixa (*ou seja, um ponto de acesso*) para coordenar a atividade das estações individuais. As estações fazem parte de uma rede sem fios de salto único e disputam o canal de difusão de forma distribuída.

Procedimento de acesso para estações não em tempo real O método de acesso ao canal para *estações nrt* baseia-se no DCF convencional. Uma *estação nrt* com tráfego de dados tem de continuar a detetar o canal durante um período adicional aleatório denominado tempo de retorno de dados (DBT) depois de detetar que o canal está inativo durante um período DIFS. O DBT é dado por

$$DBT = rand(a, b) \times slottime$$

O procedimento de acesso para estações em tempo real Cada *estação rt* mantém uma tabela de reserva virtual (RSVT). Nesta tabela virtual, são registadas as informações relativas a todas as *estações rt* que reservaram com sucesso a largura de banda necessária. Antes de iniciar uma *sessão rt*, a *estação rt* envia um RTS para reservar a largura de banda necessária. Antes de transmitir o RTS, é efectuada uma entrada correspondente no RSVT do nó.

5.5 Soluções de camada de rede
A capacidade de reserva de largura de banda e de apoio ao tráfego em tempo real dos protocolos MAC só pode garantir a reserva ao nível da ligação, pelo que o apoio da camada de rede para garantir a negociação, reserva e reconfiguração de recursos de extremo a extremo

é muito essencial.

5.5.1 Protocolos de encaminhamento de QoS

■ Os protocolos de encaminhamento QoS procuram rotas com recursos suficientes para satisfazer os requisitos de QoS de um fluxo.

■ A informação relativa à disponibilidade de recursos é gerida por um módulo de gestão de recursos que ajuda o protocolo de encaminhamento QoS na sua procura de caminhos viáveis do ponto de vista da QoS.

■ O protocolo de encaminhamento QOS deve encontrar caminhos que consumam o mínimo de recursos. As métricas QOS podem ser classificadas como métricas aditivas, métricas côncavas e métricas multiplicativas.

5.5.2 Protocolo de encaminhamento de QoS baseado em bilhetes

O encaminhamento QoS baseado em bilhetes é um protocolo de encaminhamento QoS distribuído para redes ad hoc sem fios. Este protocolo tem as seguintes características:

■ Pode tolerar informações de estado imprecisas durante o cálculo do itinerário QOS e apresenta um bom desempenho mesmo quando o grau de imprecisão é elevado.

■ Sonda múltiplos caminhos em paralelo para encontrar um caminho QOS viável. Isto aumenta a probabilidade de encontrar esse caminho. O número de caminhos múltiplos pesquisados é limitado pelo número de bilhetes emitidos no pacote de sondagem pelo nó de origem. As informações sobre o estado mantidas nos nós intermédios são utilizadas para uma sondagem mais precisa da rota. É utilizado um mecanismo inteligente de seleção salto a salto para encontrar caminhos viáveis de forma eficiente.

■ É explorada a otimização de um caminho entre vários caminhos viáveis. Um caminho de baixo custo que utilize o mínimo de recursos é preferido quando existem vários caminhos viáveis.

■ É utilizada uma técnica de tolerância a falhas baseada em backup primário para reduzir a interrupção do serviço durante as quebras de percurso que ocorrem com bastante frequência nas redes sem fios ad hoc.

5.5.3 Protocolo de encaminhamento de QoS baseado na localização preditiva

■ O protocolo de encaminhamento QOS preditivo baseado na localização (PLBQR) BASEIA-SE na previsão da localização dos nós em redes ad hoc sem fios.

■ O esquema de previsão supera, em certa medida, o problema que surge devido à presença de informações de encaminhamento obsoletas.

■ Não são reservados recursos ao longo do percurso entre a origem e o destino, mas é efectuado um controlo de admissão com conhecimento de QOS.

■ A rede faz o seu melhor para suportar os requisitos QOS da ligação, tal como especificado pela aplicação.

Previsões de localização e atraso

Ao estabelecer uma ligação ao destino D, a fonte S tem primeiro de prever a localização geográfica do nó D e dos nós intermédios, no momento em que o primeiro pacote chega aos respectivos nós. Assim, este passo envolve a previsão da localização, bem como a previsão do atraso de propagação.

Previsão de atrasos

O nó de origem S tem de prever o instante de tempo tf em que um pacote chega ao nó de destino ou ao nó intermédio D. Isto só pode ser conhecido se o atraso de extremo a extremo entre os nós *S* e *D* for conhecido. Assume-se que o atraso extremo-a-extremo de um pacote de dados do nó *S* para o nó *D* é igual ao atraso sofrido pela última mensagem de atualização recebida pelo nó *S* do nó *D*.

Encaminhamento QoS

Que é actualizada por meio de mensagens de atualização? Utilizando esta informação, o nó de origem efectua o encaminhamento para a fonte. As informações sobre o estado da rede são mantidas em duas tabelas, nomeadamente, a *tabela de atualização* e a *tabela de encaminhamento*. Quando o nó *A* recebe uma mensagem de atualização do nó *B*, o nó *A* actualiza a entrada correspondente ao nó *B* na tabela de atualização. Nessa entrada, o nó *A* armazena o ID do nó *B*, o instante de tempo em que o pacote de atualização foi enviado, o momento em que o pacote de atualização foi recebido, as coordenadas geográficas, a velocidade, os parâmetros de recursos do nó *B* e, opcionalmente, a direção do movimento do nó *B*.

5.6 Estruturas de QoS para redes sem fios Ad Hoc

Um quadro para a QoS é um sistema completo que tenta fornecer os serviços necessários/prometidos a cada utilizador ou aplicação. Todos os componentes deste sistema cooperam para fornecer os serviços necessários. O componente-chave de qualquer quadro de QoS é o modelo de serviço de QoS que define o modo como os requisitos do utilizador são satisfeitos. A principal questão de conceção é saber se os utilizadores devem ser servidos por sessão ou por classe. Cada classe representa uma agregação de utilizadores com base em determinados critérios. Os outros componentes-chave do quadro são o encaminhamento QoS, que é utilizado para encontrar todos ou alguns dos caminhos viáveis na rede que podem satisfazer os requisitos dos utilizadores, a sinalização QoS para reserva de recursos, o controlo QoS do acesso ao meio, o controlo da admissão de chamadas e os esquemas de programação de pacotes. Os módulos de QoS, nomeadamente o protocolo de encaminhamento, o protocolo de sinalização e o mecanismo de gestão dos recursos, devem reagir prontamente às alterações do estado da rede (alterações da topologia) e do estado do fluxo (alteração da perspetiva extremo-a-extremo do serviço prestado).

• *Protocolo de roteamento*: Semelhante aos protocolos de encaminhamento de QoS, discutidos anteriormente neste capítulo, o módulo de protocolo de encaminhamento em qualquer estrutura de QoS é utilizado para encontrar um caminho da fonte para o destino e para encaminhar o pacote de dados para o próximo nó retransmissor intermediário. O roteamento de QoS descreve o processo de encontrar caminhos adequados que satisfaçam os requisitos de serviço de QoS de uma aplicação. Se estiverem disponíveis vários caminhos, a *sinalização de reserva de recursos QoS*: Uma vez encontrado um caminho com a QoS necessária, o próximo passo é reservar os recursos necessários ao longo desse caminho. Isto é feito pelo protocolo de sinalização de reserva de recursos. Por exemplo, para as aplicações que exigem determinadas garantias de largura de banda mínima, o protocolo de sinalização comunica com o subsistema de controlo de acesso ao meio para encontrar e reservar a largura de banda necessária.

• *Controlo da admissão*: Embora possa estar disponível um caminho viável em termos de QoS, o sistema precisa de decidir se deve ou não servir a ligação. Se a chamada tiver de ser atendida, o protocolo de sinalização reserva os recursos; caso contrário, a aplicação é notificada da rejeição.

• *Programação de pacotes*: Quando várias ligações QoS estão activas ao mesmo tempo através de uma ligação, a decisão sobre qual o fluxo QoS que deve ser servido a seguir é tomada pelo esquema de programação. Por exemplo, quando várias sessões com restrições de atraso estão a passar por um nó, o mecanismo de programação decide quando programar a transmissão de pacotes quando os pacotes pertencentes a mais de uma sessão estão pendentes na fila de transmissão do nó.

5.6.1 INSÍGNIA

A estrutura INSIGNIA QoS foi desenvolvida para fornecer serviços adaptáveis em redes ad hoc sem fios. Os serviços adaptativos suportam aplicações que exigem apenas uma garantia quantitativa mínima de QoS (como a largura de banda mínima), denominada *QoS de base*. Neste caso, as sessões de utilizador adaptam-se ao nível de serviço disponível sem sinalização explícita entre os pares origem-destino.

A estrutura INSIGNIA tem os seguintes componentes-chave para apoiar serviços adaptativos em tempo real:

• *Módulo de encaminhamento*: O protocolo de encaminhamento encontra uma rota da fonte para o destino. É também utilizado para reencaminhar um pacote de dados para o nó de retransmissão intermédio seguinte. O módulo de encaminhamento é independente de outros componentes, pelo que pode ser utilizado qualquer protocolo de encaminhamento existente. A INSIGNIA parte do princípio de que o protocolo de encaminhamento fornece novas rotas em caso de alterações da topologia.

• *Controlo de admissão*: Este módulo atribui largura de banda aos fluxos com base na largura de banda máxima/mínima solicitada. Uma vez que a largura de banda é reservada, a reserva deve ser actualizada periodicamente por um mecanismo de estado suave. Normalmente, a receção de pacotes de dados actualiza as reservas efectuadas.

• *Programação de pacotes*: Os pacotes que devem ser encaminhados para outros nós são tratados pelo módulo de programação de pacotes. Os pacotes a transmitir por um nó são programados pelo programador com base na política de encaminhamento. A INSIGNIA utiliza uma disciplina de serviço round-robin ponderada.

• *Controlo de acesso ao meio (MAC)*: O protocolo MAC fornece acesso orientado para a QoS ao meio sem fios partilhado para serviços adaptativos em tempo real. A estrutura INSIGNIA é transparente para qualquer protocolo MAC subjacente.

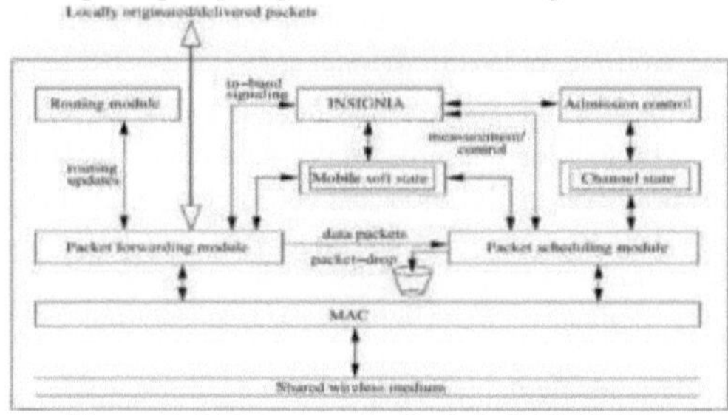

Figura 5.5. Estrutura de QoS da INSIGNIA.

Manutenção de itinerários

Devido à mobilidade do anfitrião, uma sessão em curso pode ter de ser reencaminhada em caso de interrupção do caminho. O processo de restabelecimento do fluxo deve restabelecer a reserva o mais rápida e eficientemente possível. Durante o restabelecimento, a INSIGNIA não antecipa os recursos dos fluxos existentes para admitir os fluxos reencaminhados.

A INSIGNIA suporta três tipos de restauro de fluxos, nomeadamente, o restauro *imediato,* que ocorre quando um fluxo reencaminhado recupera imediatamente a sua reserva original; *o restauro degradado,* que ocorre quando um fluxo reencaminhado é degradado durante um período (T) antes de recuperar a sua reserva original; e *o restauro permanente,* que ocorre quando o fluxo reencaminhado nunca recupera a sua reserva original.

5.7 Necessidade de gestão da energia nas redes sem fios Ad Hoc

A eficiência energética de um nó é definida como o rácio entre a quantidade de dados entregues pelo nó e a energia total gasta. Uma maior eficiência energética implica que um maior número de pacotes pode ser transmitido pelo nó com uma determinada quantidade de energia de reserva. As principais razões para a gestão da energia nas redes ad hoc sem fios são as seguintes

■ **Reserva de energia limitada:** A principal razão para o desenvolvimento das redes sem fios ad hoc é fornecer uma infraestrutura de comunicação em ambientes em que a instalação de uma infraestrutura fixa é impossível. As redes sem fios ad hoc têm recursos energéticos muito limitados.

■ **Dificuldades na substituição das pilhas:** Por vezes, torna-se muito difícil substituir ou recarregar as pilhas. Em situações como os campos de batalha, isso é quase impossível. Assim, a conservação de energia é essencial em tais cenários.

■ **Falta de coordenação central:** A ausência de um coordenador central, como a estação de base nas redes celulares, introduz o encaminhamento multi-hop e obriga a que alguns dos nós intermédios actuem como nós retransmissores.

■ **Restrições na fonte da bateria:** As baterias tendem a aumentar o tamanho e o peso de um nó móvel. Reduzir o tamanho da bateria resulta numa menor capacidade que, por sua vez, diminui o tempo de vida ativo do nó. Assim, para além de reduzir o tamanho da bateria, são necessárias técnicas de gestão da energia para utilizar a capacidade da bateria da melhor forma possível.

■ **Seleção da potência de transmissão óptima:** A potência de transmissão selecionada determina a acessibilidade dos nós. O consumo de carga da bateria aumenta com o aumento da potência de transmissão. Um valor ótimo para a potência de transmissão diminui a interferência entre os nós, o que, por sua vez, aumenta o número de transmissões simultâneas.

5.7.1 Classificação dos sistemas de gestão de energia

A necessidade de gestão da energia nas redes ad hoc sem fios, abordada na secção anterior, aponta para o facto de os protocolos terem de adotar uma consciência energética em todas as camadas da pilha de protocolos, devendo ser considerados como um dos objectivos importantes da conceção desses protocolos. A conservação de energia pode ser implementada utilizando as seguintes técnicas:

■ Sistemas de gestão da bateria

■ Sistemas de gestão da potência de transmissão

■ Esquemas de gestão da energia do sistema

A abordagem de gestão da energia do sistema pode ainda ser dividida nas seguintes categorias:

o Sistemas de gestão de dispositivos

o Esquemas de gestão da energia do processador

A Figura 5.6 apresenta uma visão geral de algumas das técnicas em diferentes camadas da pilha de protocolos que se enquadram em três categorias: gestão da bateria, gestão da energia de transmissão e esquemas de gestão da energia do sistema. Embora estes esquemas não possam ser estritamente classificados nas diferentes camadas da pilha de protocolos OSI, uma vez que residem em mais do que uma camada, a classificação apresentada nesta secção baseia-se na camada mais elevada da pilha de protocolos utilizada por cada um destes protocolos.

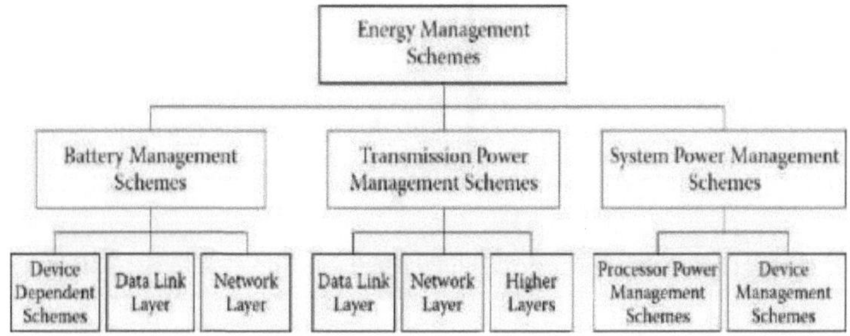

Figura 5.6. Classificação dos sistemas de gestão de energia.

5.7.1.2 Esquemas de gestão da bateria

Os sistemas accionados por bateria são os sistemas concebidos tendo em conta principalmente a bateria e as suas características internas. Tentam maximizar a quantidade de energia fornecida pela fonte de alimentação, explorando a propriedade inerente às baterias de recuperarem a sua carga quando se mantêm inactivas.

■ *Visão geral das características da bateria*

Os principais componentes das pilhas são ilustrados na Figura 5.7. Uma pilha é constituída principalmente por um ânodo, um cátodo, um meio eletrolítico e uma caixa. O ânodo é frequentemente um metal e o cátodo um óxido metálico. O eletrólito é uma solução salina que promove o fluxo de iões. O separador poroso é utilizado para evitar um curto-circuito entre o ânodo e o cátodo, impedindo-os de se tocarem. A pilha está contida num suporte estrutural (caixa) que proporciona estabilidade dimensional e um elétrodo positivo e um negativo para descarregar (ou recarregar) a célula.

■ *Tecnologias de baterias*

As tecnologias mais populares de baterias recarregáveis desenvolvidas nas últimas duas décadas são as de níquel-cádmio, ião de lítio, níquel-hidreto metálico, alcalinas reutilizáveis e polímero de lítio. Os principais factores considerados na conceção de uma tecnologia de bateria são a densidade energética (a quantidade de energia armazenada por unidade de peso da bateria), o ciclo de vida [o número de ciclos de (re)carga antes da eliminação da bateria], o impacto ambiental, a segurança, o custo, a tensão de alimentação disponível e as características de carga/descarga.

■ **Princípios da descarga da bateria:** Uma bateria é normalmente constituída por um conjunto de uma ou mais células. Por isso, nas secções seguintes, os termos "bateria" e "célula" são utilizados indistintamente. As três tensões principais que caracterizam uma célula são: (1) a tensão de circuito aberto (Voc), ou seja, a tensão inicial em vazio de uma célula totalmente carregada, (2) a tensão de funcionamento (Vi), ou seja, a tensão em condições de carga, e (3) a tensão de corte ($Vcut$), a partir da qual se diz que a célula está descarregada. Todas as pilhas são definidas por três capacidades principais:

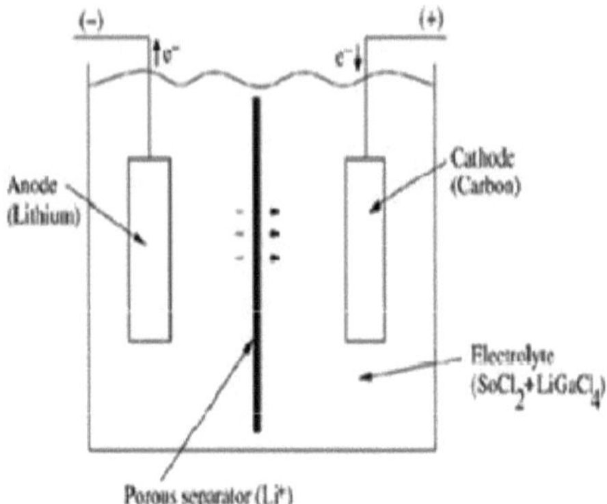

Figura 5.7. Estrutura básica de uma bateria de lítio/cloreto de tionilo.

■ Capacidade teórica: A quantidade de materiais activos (os materiais que reagem quimicamente para produzir energia eléctrica quando a pilha é descarregada e restaurada quando a pilha é carregada) contidos na pilha refere-se à sua capacidade teórica. Uma pilha não pode exceder a sua capacidade teórica.

■ Capacidade nominal (standard): Corresponde à capacidade efetivamente disponível quando descarregada a uma determinada corrente constante. É expressa em amperes-hora.

■ Capacidade efectiva: A energia fornecida com uma determinada carga é considerada a capacidade efectiva da pilha. Uma pilha pode exceder a capacidade efectiva, mas não a capacidade teórica.

O comportamento de descarga a corrente constante das células de dióxido de lítio-manganês ($LiMnO2$) com $Voc = 3V$ e $Vcut = 1\ V$. A curva de descarga é plana na maior parte do tempo e desenvolve-se um declive gradual à medida que a tensão atinge a tensão de corte. O desempenho da descarga de uma célula é medido utilizando os seguintes parâmetros:

■ Tempo de descarga: O tempo decorrido quando uma célula totalmente carregada atinge a sua tensão de corte e tem de ser substituída ou recarregada é designado por tempo de descarga da célula.

■ Potência específica (energia): É a potência (energia) fornecida por uma célula totalmente carregada com uma corrente de descarga especificada. É expressa em watts por quilograma (watts-hora por quilograma).

Corrente de descarga: Existem principalmente dois modelos de descarga da bateria: descarga de corrente constante e descarga de corrente pulsada. Na descarga por corrente pulsada, a bateria alterna entre curtos períodos de descarga e períodos de inatividade (períodos de repouso).

■ **Modelos de baterias:** Os modelos de baterias retratam as características das baterias utilizadas na vida real. São resumidos os prós e contras dos seguintes modelos de baterias: modelos analíticos, modelos estocásticos, modelos de circuitos eléctricos e modelos electroquímicos.

■ **Programação de baterias:** A utilização de várias baterias em nós móveis tornou-se muito comum. O aspeto fundamental por detrás deste tipo de arquitetura é a propriedade de recuperação da carga pela bateria quando esta permanece no estado inativo. A próxima secção apresenta uma descrição pormenorizada da propriedade de recuperação de carga da bateria.

■ **Norma de bateria inteligente (SBS):** Esta é uma tecnologia emergente que visa o desenvolvimento de baterias que consomem pouca energia. O principal objetivo da SBS é criar normas através das quais os sistemas tomem conhecimento das baterias e interajam com elas de modo a proporcionar um melhor desempenho.

5.7.1.3 Sistemas de gestão da potência de transmissão

A variação da potência de transmissão influencia grandemente a capacidade de alcance de um nó. Aumentar o alcance da transmissão não só aumenta a cobertura, mas também a taxa de consumo de energia no transmissor. Esta secção trata de encontrar uma solução de compromisso entre as duas questões contraditórias, ou seja, aumentar a cobertura de um nó e diminuir o seu consumo de bateria.

Soluções para a camada de ligação de dados

O controlo da potência pode ser efectuado na camada de ligação de dados através do controlo da topologia e da construção de um circuito de controlo da potência. Esta secção descreve diferentes soluções baseadas na potência na camada de ligação de dados. Algumas das soluções propostas para calcular a gama de transmissão óptima são as seguintes

* Políticas dinâmicas de ajustamento da potência
* Algoritmos de controlo de topologia distribuída
* Construção de um circuito de controlo de potência distribuída
* Algoritmo de controlo de topologia centralizado

Ajuste dinâmico de potência

Com base na afinidade de ligação, as redes sem fios ad hoc são propensas a falhas constantes de ligação devido à mobilidade dos nós, pelo que a estabilidade das rotas não pode ser assegurada nessas situações. Mas as falhas frequentes das ligações conduzem a uma redução do débito.

Mecanismos de controlo de topologia distribuída

De acordo com este algoritmo, cada nó da rede ad hoc sem fios executa independentemente um algoritmo localizado e decide o nível de potência adequado a ser utilizado por esse nó. Um nó aumenta a potência de forma direcional até encontrar um nó em todas as direcções. Em seguida, tenta aumentar o tempo de vida dos nós, reduzindo a potência de transmissão e diminuindo a cobertura dos nós, garantindo ao mesmo tempo a mesma conetividade que a obtida quando os nós estão com a potência máxima.

Construção de um circuito de controlo de potência distribuída

um circuito de controlo de potência que aumenta o tempo de vida da bateria em 10-15% e o rendimento em cerca de 15%. O algoritmo é testado no modelo que assume mobilidade, comunicação em grupo e desvanecimento devido a bloqueios, tais como obstáculos artificiais. O algoritmo proposto funciona na camada MAC de forma distribuída. O principal objetivo do algoritmo é reduzir o custo energético da comunicação entre os nós, aumentando assim o tempo de vida da bateria e a largura de banda efectiva.

Algoritmo de controlo de topologia centralizado

Algoritmo centralizado que ajusta o nível de potência dos nós para criar a topologia desejada. O problema é limitado como um problema de otimização com o nível de potência como objetivo de otimização e as restrições são a conetividade e a biconectividade.

O algoritmo de *ligação* é semelhante ao algoritmo da árvore de custo mínimo. A ideia básica utilizada neste algoritmo é fundir iterativamente os componentes ligados até restar apenas um componente. Para executar este algoritmo, são efectuados os seguintes passos:

Passo 1: Em primeiro lugar, os pares de nós ligados são ordenados por ordem crescente da distância mútua.

Passo 2: Se os nós estiverem em componentes de rede diferentes, a potência dos nós é aumentada de modo a alcançar os outros nós.

Etapa 3: A etapa 2 é repetida até que toda a rede esteja ligada.

O algoritmo *biconectar* tenta descobrir um grafo biconectado a partir do grafo M dado, de modo a satisfazer os objectivos e as restrições. A extensão para a rede biconectada do algoritmo *connect* pode ser feita da seguinte forma:

Passo 1: Os componentes biconectados são identificados no grafo induzido pelo algoritmo connectbased no método de pesquisa depth-first.

Passo 2: Os nós são dispostos por ordem não decrescente dos pares de nós ligados, tal como feito no algoritmo anterior.

Passo 3: Os nós que estão em diferentes componentes da rede são ligados ajustando a potência de forma adequada, e este passo é repetido até a rede ficar biconectada.

5.7.1.4 Esquemas de gestão de energia do sistema

A potência do sistema consiste na potência utilizada por todas as unidades de hardware do nó. Esta energia pode ser conservada de forma significativa através da aplicação dos seguintes esquemas:

1. Esquemas de gestão da energia do processador
2. Esquemas de gestão de energia de dispositivos

■ ***Esquemas de gestão de energia do processador***

Os esquemas de gestão de energia do processador tratam de técnicas que tentam reduzir a energia consumida pelo processador, como a redução do número de cálculos efectuados. Nesta secção, abordamos algumas das técnicas de gestão de energia que são aplicadas ao nível do hardware quando há um pedido das camadas superiores.

Modos de poupança de energia

Os nós de uma rede ad hoc sem fios consomem uma quantidade substancial de energia mesmo quando estão num estado inativo, uma vez que continuam a escutar o canal, aguardando pacotes de pedidos dos vizinhos. Para evitar esta situação, os nós são desligados em condições de inatividade e ligados apenas quando chega um pacote de pedido. Isto tem principalmente duas vantagens: reduzir o desperdício de energia consumida quando o nó está em modo de escuta e proporcionar tempo de inatividade para as baterias do nó recuperarem as cargas.

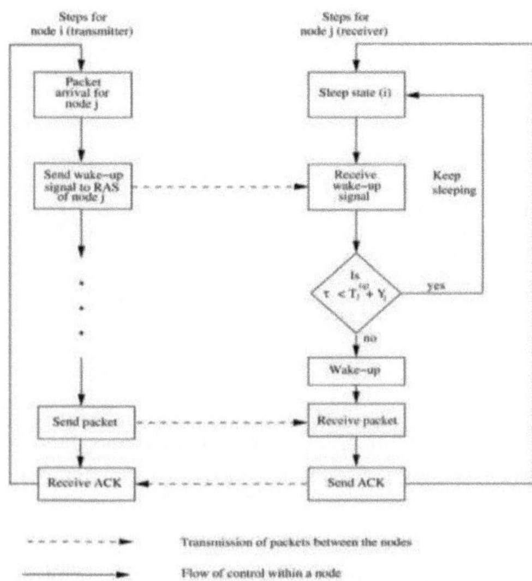

Figura 5.8. Esquema de gestão da energia utilizando um interrutor ativado à distância.

Sinalização de acesso múltiplo com consciência de potência

A sinalização multiacesso sensível à energia (PAMAS) é outra abordagem para determinar a duração do tempo durante o qual o nó deve ser desligado. Este esquema sugere a adição de um canal de sinalização separado no protocolo MACA. A sinalização RTS-CTS tem lugar neste canal separado, que determina o período de tempo durante o qual o nó tem de ser desligado. O algoritmo é dividido em duas partes:

Adição de um canal de sinalização separado: Isso pode ser explicado através de um diagrama de estados, como mostrado na Figura 5.9. Um nó pode estar em qualquer um dos seis estados representados nas caixas. Inicialmente, quando um nó não transmite nem recebe pacotes, ele fica no estado *ocioso*.

■ *Transmissão de pacotes:*

- Assim que o nó recebe um pacote para transmissão, transmite um RTS e entra no estado *Await CTS.*

- Se não receber o CTS, entra no estado de back-off exponencial binário (*BEB*). Um nó também entra no estado *BEB* se ouvir um tom de ocupado quando um nó vizinho que está a transmitir ativamente envia um tom de ocupado no canal de controlo.

- Depois de receber o CTS, entra no estado de transmissão de *pacotes* e começa a transmitir o pacote.

- *Receção de pacotes:*

- Assim que um nó recebe um RTS, envia um CTS de volta ao remetente e entra no estado Aguardar *pacote*, apenas se não existirem outros nós vizinhos no estado *Aguardar CTS* ou *Transmitir pacote.*

- Se os pacotes chegarem a tempo, o nó entra no estado *Receber pacote* e começa a receber os pacotes.

- Se o pacote não chegar a tempo, o nó entra novamente no estado de *inatividade.*

Receber RTS/Enviar CTS

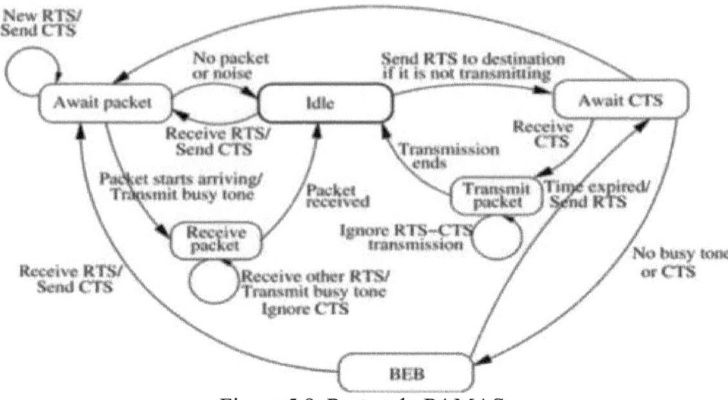

Figura 5.9. Protocolo PAMAS.

Desligar os rádios: Vamos agora discutir as condições em que o nó entra no modo de desligamento:

o Condição 1: O nó não tem pacotes para transmitir.

o Condição 2: Um nó vizinho está a transmitir ou a receber pacotes, ou seja, o canal está ocupado.

Esquemas de gestão de energia do dispositivo

Alguns dos principais consumidores de energia nas redes ad hoc sem fios são os dispositivos de hardware presentes nos nós. Foram propostos vários esquemas para a conceção de hardware que minimizam o consumo de energia.

Conceção de hardware de baixo consumo

A conceção de hardware de baixo consumo resulta numa melhoria significativa da conservação de energia. Algumas das sugestões de conceção de baixo consumo incluem CPUs de velocidade de relógio variável, rotação do disco e memória flash. Passamos agora a analisar algumas das fontes de consumo de energia nas redes sem fios ad hoc e as correspondentes soluções para reduzir o consumo de energia

- As principais fontes de consumo de energia nas redes ad hoc sem fios são os transmissores e os receptores do módulo de comunicação. A conceção dos transceptores tem um efeito significativo no consumo de energia. Por isso, é preciso ter muito cuidado ao projectá-los.

- O hardware principal de um nó móvel consiste, em geral, no ecrã LCD, na DRAM, na unidade de CD-ROM, na CPU, na placa de interface sem fios (no caso de um computador) e nos subsistemas de E/S.

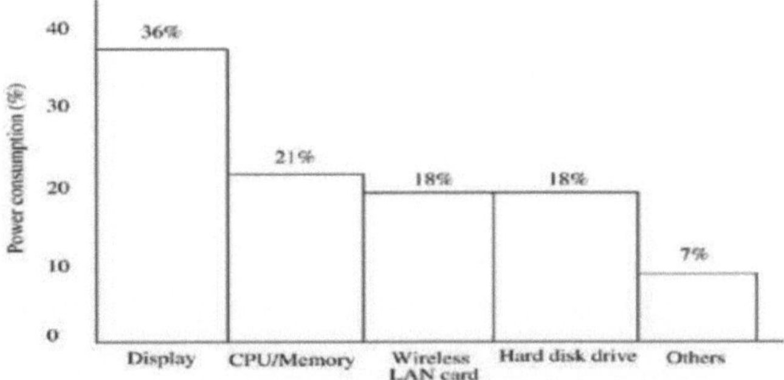

Figura 5.10. Potência consumida por várias unidades de hardware.

Consumo de energia da CPU

A energia necessária para o funcionamento da CPU depende em grande parte da frequência do relógio (F). À medida que a frequência de relógio aumenta, ocorre a comutação frequente das portas lógicas entre diferentes níveis de tensão (V), ou seja, a tensão de terra e a tensão de pico, o que leva a um maior consumo de energia. Outro efeito que influencia significativamente o consumo de energia da CPU é o encadeamento de transístores. Quanto maior for a capacitância (C) destes transístores, maior será a energia necessária. Assim, a potência total requerida pela CPU é proporcional a $CV2F$. A solução sugerida é a seguinte:

- O parâmetro C pode ser definido durante a conceção da pastilha.

- Os valores de F e V podem ser definidos dinamicamente em tempo de execução, o que, juntamente com as políticas de programação da CPU sensíveis à energia, reduz significativamente o consumo de energia.

Consumo de energia da unidade de disco rígido (HDD)

Foram sugeridas várias abordagens para desligar as unidades e reduzir a velocidade de rotação. Vamos agora ver como a redução da velocidade de rotação pode ser efectuada nas unidades de disco.

- Utilizando dados históricos: Um método sugerido baseia-se nos registos de utilização do disco recolhidos durante um longo período de tempo. Analisando vários limiares de spin-down, é necessário chegar a acordo sobre um valor ótimo para o limiar, que funciona como um equilíbrio entre os dois requisitos contraditórios de redução do consumo de energia e de redução dos atrasos de acesso.

- Políticas de rotação/despinagem: Algumas das políticas utilizadas para decidir o momento em que a velocidade do disco rígido deve ser variada são apresentadas de seguida.

- Política óptima-ótima: De acordo com esta política, ao ter um conhecimento completo do futuro, podem ser obtidos os valores óptimos para o spin-down. Isto indica quando o disco tem de ser girado para baixo para obter a máxima eficiência e quando o disco tem de ser girado para cima para se preparar para a próxima operação do disco. Esta é uma política irrealista.

- Política de exigência de limiar: Este algoritmo força o spin-down do disco apenas depois de atingir um determinado valor limite. Mas o spin-up só ocorre se houver um pedido para o disco.

- Política preditiva-preditiva: Tanto os valores de tempo de spin-up como de spin-down são previstos com base nos valores passados.

I want morebooks!

Buy your books fast and straightforward online - at one of world's fastest growing online book stores! Environmentally sound due to Print-on-Demand technologies.

Buy your books online at
www.morebooks.shop

Compre os seus livros mais rápido e diretamente na internet, em uma das livrarias on-line com o maior crescimento no mundo! Produção que protege o meio ambiente através das tecnologias de impressão sob demanda.

Compre os seus livros on-line em
www.morebooks.shop

Printed by Books on Demand GmbH, Norderstedt / Germany